Globish

The World Over

By Jean Paul Nerrière
and David Hon

A book written IN Globish

Globish

Over de hele wereld

Jean Paul Nerrière en
David Hon

Een boek geschreven IN Globish

(Dutch Translation by Clare Herrema, Danielle
Meijer, Pyt Kramer and Chris Jursic)

Globish The World Over

Globish over de hele wereld

© Jean Paul Nerrière

and David Hon

2009

© Jean Paul Nerrière

en David Hon

2009

ISBN : 978-0-9827452-3-6

ISBN : 978-0-9827452-3-6

International globish Institute

Table of Contents   Inhoudsopgave

Foreword for the Dutch Translation

Globish The World Over is among the few books that go to the readership with side-by-side translation. It means that the original text and the Dutch translation can be read next to each other on every page. Thus this book fills a double function. On one hand reading only the right side, the Dutch translation, the book can give information, and perhaps amusement, to those who speak little or no English. They are interested in an amazing process that is happening in front of the eyes of people in this age: The world has found a common language. It will help all people to communicate with each other, and this language is being called *Globish*.

On the other hand, the side-by-side translation provides an

Inleiding voor de Nederlandse vertaling

Globish over de hele wereld is één van de weinige boeken die een zij-aan-zijvertaling heeft voor het lezerspubliek. Dat betekent dat de oorspronkelijke tekst en de Nederlandse vertaling naast elkaar op elke pagina staan. Dit boek vervult een dubbele functie. Aan de ene kant kunnen diegenen die weinig of geen Engels spreken met het lezen van de rechtse zijde, dus alleen de Nederlandse vertaling, informatie opdoen of misschien zelfs plezier aan hebben. Zij zijn geïnteresseerd in een verbazingwekkend proces dat gebeurt voor de ogen van de mensen in deze tijd: de wereld heeft een gemeenschappelijke taal gevonden. Deze taal zal helpen om met elkaar te communiceren en heet Globish.

Aan de andere kant biedt de zij-aan-zijvertaling aan mensen die

opportunity to the learners of English -- or perhaps learners of Dutch -- to use this book as a kind of language course book. During the translation, we paid special attention to following the grammatical structure and the phrasing of the original text. It is portrayed accurately to the extent the different structure of the Dutch language allows us to do so. We hope this method will provide a real opportunity -- in a real language environment -- for the learners of English to follow and recognize elements of English they have learned in school.

Engels willen leren – of misschien aan diegenen die Nederlands willen leren - de mogelijkheid gebruik te maken van dit boek als een soort taalcursusboek. Tijdens de vertaling hebben we bijzondere aandacht geschonken aan de grammaticale structuur en de formulering van de oorspronkelijke tekst. De vertaling is nauwkeurig aan de originele tekst aangepast voor zover de Nederlandse taal dit toelaat. We hopen dat deze methode een goede gelegenheid biedt – in een echte taalomgeving – aan diegenen die Engels willen leren onderdelen te volgen en te herkennen die ze op school hebben geleerd.

Beginning

*What if 50% of the
world badly needed a
certain useful tool, but
only 5% could have it?*

Someone would find a way. For example, to solve the problem of talking, they gave us handsets for little money and charge us by the minute. But that only does part of it. What will we say to each other?

The English language seems to be the most important communication tool for the international world. But now it must be a kind of English which can be learned quickly and used very easily – not like Standard English. The people who know a little are already using what they know. It works for them – a little. But… they often have families and jobs. They cannot spend enough time or enough money to learn all of English. And English speakers think these

Oorsprong

*Wat als 50% van de
wereld een nuttig
instrument nodig had
maar slechts 5% het kon
hebben?*

Vast zou iemand een manier vinden. Bijvoorbeeld, om het probleem van het praten op te lossen gaven ze ons telefoons voor weinig geld maar worden we per minuut aangerekend. Dat is er slechts een deel van. Wat zullen we zeggen tegen elkaar?

Het Engels lijkt het meest belangrijke communicatie-instrument voor de internationale wereld. Maar nu moet het een soort Engels zijn dat we snel kunnen leren en dat gemakkelijk te gebruiken is – anders dan normaal Engels. Diegenen die al een beetje Engels kennen, gebruiken al wat ze weten Het werkt voor hen - een beetje. Maar… zij hebben vaak een gezin en een baan. Zij kunnen niet genoeg tijd besteden of hebben niet genoeg geld om het hele Engels

people will "never be good enough" in English. It is a problem. We think Globish is a solution.

Globish has a different name because it is a very different way to solve the problem of learning English. By the standards of the Council of Europe Framework of Reference for Languages (page 64): Globish speakers will use an amount of English that makes understanding between non-native speakers and native speakers. They will produce clear, detailed writing on a wide range of subjects and explain their thoughts, giving good and bad elements of various ideas.

This book is about Globish and to demonstrate its value, we'll write this book for you in Globish.

te leren. En diegenen die Engels als moedertaal hebben zijn vaak van mening dat deze mensen "nooit goed genoeg" zullen zijn in het Engels. Het is een probleem. Wij denken dat Globish de oplossing is.

Globish heeft een andere naam omdat het een andere manier is om het probleem op te lossen van het Engels leren. Volgen de normen van het referentiekader voor talen van de Raad van Europa (pagina 64): Globish sprekers zullen een hoeveelheid Engels gebruiken, dat toelaat dat niet-moedertaalsprekers en moedertaalsprekers elkaar verstaan. Zij zullen duidelijk en gedetailleerde teksten produceren over een breed scala van onderwerpen en hun gedachten goed uitleggen inclusief goede en slechte elementen van verschillende ideeën.

Dit boek gaat over Globish en om de waarde ervan te demonstreren, zullen wij dit boek geheel in Globish voor u schrijven.

Part 1
The Problem
with Learning
English

Deel 1
Het probleem
met Engels
leren

Chapter 1

Many, Many Languages

A hundred years ago, most human beings could speak two or more languages. At home they spoke a family language. It could be the language their parents spoke when they moved from another place. In many cases, it was a local variation of a language with different words and different pronunciations, what some people might call a dialect or patois. Most villages had such languages. People learned family languages, village languages and sometimes other languages without any problems.

A century ago, for most people the world was not very big, perhaps as big as their nation. They learned their national language and then could communicate with the rest of their world. Many nations had at least one official national language.

Hoofdstuk 1

Vele, vele talen

Zo'n honderd jaar geleden konden de meeste mensen twee of meer talen spreken. Thuis spraken zij een familietaal. Dat kon de taal zijn die hun ouders spraken toen zij verhuisden uit een andere plaats. In veel gevallen was het een lokale variant van een taal met verschillende woorden en verschillende uitspraken, wat sommigen een dialect zouden noemen. De meeste dorpen hadden zulke talen. Mensen leerden familietalen, dorpstalen en soms andere talen zonder enige problemen.

Een eeuw geleden was voor de meeste mensen de wereld niet erg groot, misschien wel zo groot als hun eigen land. Zij leerden hun nationale taal en konden vervolgens communiceren met de rest

Many people in their villages also felt a need to speak the national language, and they would learn that national language in schools.

National languages made nation-wide communication possible. In some cases these started as one of the local dialects and were raised to the status of national languages. Or sometimes one "family" was more powerful, and required everyone to speak their way.

Today, the communication problem is the same. Just the scale is different. A century ago, their world was their country. Now their world is.... much more. Most people now speak a local language which is often their national language. Now they must communicate to the whole globe.

van hun wereld. Veel landen hebben ten minste één officiële taal. Vele mensen in hun dorpen voelden ook een behoefte om de nationale taal te spreken en leerden die nationale taal op school.

Nationale talen maakten nationale communicatie mogelijk. In sommige gevallen zijn deze begonnen als één van de plaatselijke dialecten en werden zij verheven tot de status van de nationale taal. Of soms was een "familie" machtiger en verplichtte zij iedereen te spreken zoals zij.

Vandaag is het communicatieprobleem hetzelfde. Alleen de schaal is anders. Een eeuw geleden was hun wereld hun land. Nu is hun wereld... veel meer. De meeste mensen spreken nu een lokale taal die vaak ook hun nationale taal is. Nu moeten ze communiceren met de hele wereld.

(From English Next)   *(Van English Next)*

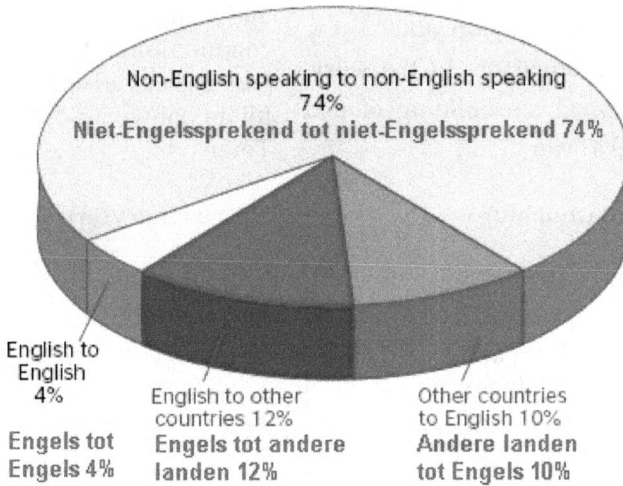

Non-English speaking to non-English speaking
74%
Niet-Engelssprekend tot niet-Engelssprekend 74%

English to
English
4%

English to other
countries 12%

Other countries
to English 10%

Engels tot
Engels 4%

Engels tot andere
landen 12%

Andere landen
tot Engels 10%

In this world, teachers say there are more than 6000 languages. In 45 countries, English is an official language. But not everyone speaks English, even where it is an official language.

Only 12% of the global world has English as a mother tongue. For 88% of us, it is not our first language, our mother tongue.

We know that only 4% of international communication is between native speakers from different English-speaking nations - like Americans and

Leraren zeggen dat er meer dan 6000 talen zijn op de wereld. In 45 landen is Engels één officiële taal. Maar niet iedereen spreekt Engels, zelfs waar het de officiële taal is.

Slechts 12% van de wereldbevolking heeft Engels als hun moedertaal. Voor 88% van ons is het niet onze moedertaal.

We weten dat slechts 4% van de internationale communicatie verloopt tussen mensen met als moedertaal een verschillende variant van Engels zoals Amerikanen en Australiërs.

Australians.

There is a story about a god and a Tower of Babel, where all men could speak to each other using just one language. In the story, he stopped the building of that special Tower.

He said (roughly):

> "Look, they are one people, and they have all one language. This is only the beginning of what they will do. Nothing that they want to do will be impossible now. Come, let us go down and mix up their languages so they will not understand each other."

In the past, there have been many strong languages and attempts to create a common worldwide language. Some worked well, but some not all. The Greek language was used as the "lingua franca" in the days of the Romans. Non-Romans and others read the first Christian books in Greek. Modern Romans speak Italian, but until lately Catholics celebrated Christian ceremonies in Latin, the

Er is een verhaal over een god en een Toren van Babel, waar alle mensen met elkaar konden communiceren met slechts één taal. In het verhaal verhinderde hij de bouw van die bijzondere Toren.

Hij zei (ongeveer):

> "Kijk, zij zijn één volk, en zij hebben één taal. Dit is pas het begin van wat zij zullen doen. Niets wat zij ooit zullen willen zal nu onmogelijk zijn. Kom, laat ons daar heen gaan en hun talen verwarren zodat ze elkaar niet kunnen verstaan."

In het verleden waren er veel sterke talen en pogingen om een gemeenschappelijke wereldtaal te creëren. Sommige hebben gewerkt en andere weer helemaal niet. Het Grieks werd het "lingua franca" in de dagen van de Romeinen. Niet-Romeinen en anderen lazen de eerste Christelijke boeken in het Grieks. Moderne Romeinen spreken Italiaans, maar tot voor kort hielden de Katholieken hun Christelijke

language of the ancient Romans.

French was the language of upper class Europeans for several hundred years. It was used for international government relations until 1918. Many thought it was clearly the best language for all international communication. Tsarina Catherine of Russia and Frederick the great of Prussia used to speak and write very good French, and made a point to use it with foreigners. A friendly competition took place at the king's court in France in 1853 to find the person who used the best French. The winner was not Emperor Napoleon the Third, or his wife Eugénie. Instead, it was the Austrian statesman Klemens Wenzel von Metternich.

About this time, in the Age of Reason, humans began to think they could do anything. They discovered drugs that would cure diseases. They could grow food in all weather. Their new steam-ships could go anywhere

ceremonies altijd in het Latijn, de taal van de oude Romeinen.

Eeuwen lang was Frans de taal van de hogere kringen in Europa. Het werd gebruikt bij internationale betrekkingen op regeringsniveau tot 1918. Velen dachten dat het duidelijk de beste taal was voor alle internationale communicatie. Tsarina Catherine van Rusland en Frederick de Grote van Pruisen spraken en schreven heel goed Frans en maakten er een punt van om het te gebruiken in de omgang met buitenlanders. Een vriendelijke weddenschap vond plaats in 1853 bij de Franse Hofraad om te zien wie het beste Frans sprak. De winnaar was niet keizer Napoleon de derde noch zijn vrouw Eugénie. In plaats daarvan was het de Oostenrijkse staatsman Klemens Wenzel von Metternich.

Rond deze tijd, in de Eeuw van de Rede, begonnen mensen te denken dat ze alles konden. Ze ontdekten geneesmiddelen die ziektes konden genezen. Ze konden voedsel verbouwen in alle weeromstandigheden. Hun nieuwe stoomboten konden overal heen varen zonder wind.

without wind. So then some people thought: **How difficult could it be to create a new language, one that would be easy and useful for all people?**

Toen dachten sommigen: **hoe moeilijk kan het zijn om een nieuwe taal te creëren, eentje die gemakkelijk en nuttig zou zijn voor allen?**

Technical Words

Chapter - people divide large books into smaller chapters

Dialect - a different way of speaking a mother tongue

Patois - a way of speaking in one region

Lingua franca - a Latin word for a global language

Pronunciation - the way we say sounds when we speak

International Words

Planet - a space globe that moves around the Sun

Chapter 2

Esperanto vs...the World?

Natural languages come from unwritten languages of long ago, in the Stone Age. They are easy to learn naturally but hard to learn as a student. That is why many people have tried to invent a simple language that is useful and simple to learn. Perhaps the most famous of these *invented* languages is "Esperanto." It was developed between 1880 and 1890 by Doctor Ludovic Lazarus Zamenhof. He was a Russian eye doctor in Poland. He said his goal was to create communication and culture-sharing among all the people of the world. He thought the result would understand by everyone. That would mean everyone would have sympathy with everyone else and this would avoid future wars.

Here is a example of Esperanto:

En multaj lokoj de Ĉinio estis temploj de drako-reĝo. Dum trosekeco oni

Hoofdstuk 2

Esperanto versus... de wereld?

Natuurlijke talen komen voort uit ongeschreven talen van lang geleden, uit het stenen tijdperk. Ze zijn gemakkelijk te leren op een natuurlijke wijze, maar moeilijk te leren voor een student. Daarom hebben velen geprobeerd om een eenvoudige taal te ontwikkelen die bruikbaar is en gemakkelijk te leren. Misschien wel de meest bekende van deze *verzonnen* talen is "Esperanto". Het werd ontwikkeld tussen 1880 en 1890 door Dokter Ludovic Lazarus Zamenhof. Hij was een Russische oogarts in Polen. Hij zei dat het zijn doel was om communicatie en het delen van cultuur tussen alle mensen van de wereld mogelijk te maken. Hij dacht dat het resultaat zou zijn dat iedereen elkaar zou begrijpen. Dat zou betekenen dat iedereen zich solidair zou voelen met iedereen en dat zou toekomstige oorlogen voorkomen.

Hier is een voorbeeld van Esperanto:

En multaj lokoj de Ĉinio estis temploj de drako-

preĝis en la temploj, ke la drako-reĝo donu pluvon al la homa mondo.

reĝo. Dum trosekeco oni preĝis en la temploj, ke la drako-reĝo donu pluvon al la homa mondo.

Easy for you to say… perhaps. But there was one big problem with Esperanto. No one could speak it. Well, not really *no* one.

Gemakkelijk voor u om te zeggen… misschien. Maar er was een groot probleem met het Esperanto. Niemand sprak het. Nou ja, bijna niemand.

After more than a century, there are about 3 million people who can speak Esperanto. And that is in a world of nearly 7 *billion* people. Sadly, many wars later, we have to admit the *idea did not work as expected*.

Meer dan een eeuw later, spreken ongeveer 3 miljoen mensen Esperanto. En dat op een wereldbevolking van bijna 7 *miljard* mensen. Helaas, vele oorlogen later moeten we toegeven dat *het idee niet heeft gewerkt als we hadden verwacht.*

The first Esperanto book by Dr. Zamenhof

Het eerste Esperantoboek van Dr. Zamenhof

There are still people who believe in Esperanto. They still have their "special" language. Sometimes Esperantists make news when they speak out against Globish -- using English, of course. Thus any major newspaper story about Globish and Esperanto clearly demonstrates that Esperanto is not working. And it helps show that Globish gives us an opportunity to have – finally – a real global communication tool.

Er zijn nog steeds mensen die geloven in Esperanto. Zij hebben nog steeds hun "speciale" taal. Soms halen esperantisten het nieuws als ze hun mening geven over Globish en dan gebruiken ze natuurlijk Engels. Ieder groot krantenartikel over Globish en Esperanto toont duidelijk aan dat Esperanto niet werkt. En dat helpt te laten zien dat Globish ons – eindelijk – de mogelijkheid geeft een echt wereldwijd communicatiemiddel te hebben.

International Words
Million = 1,000,000
Billion = 1,000,000,000

Chapter 3
Thinking Globally

It would be difficult for all people in the world to have one official language. Who would say what that language must be? How would we decide? Who would "own" the language?

Most people today speak only their one national language. This is especially true with native English speakers. They observe that many people in other countries try to speak English. So they think they do not need to learn any other language. It appears to be a gift from their God that they were born ready for international communication. Perhaps, unlike others in the world, they do not have to walk half the distance to communicate with other cultures. Perhaps English IS the place everyone else must come to. Perhaps.... All others are unlucky by birth. But *perhaps* there is more to the story...

It does seem English has won the competition of global

Hoofdstuk 3
Wereldwijd denken

Het zou moeilijk zijn dat alle mensen in de wereld één officiële taal zouden hebben. Wie zou zeggen welke taal dat moet zijn? Hoe zouden we dat beslissen? Wie zou de "eigenaar" zijn van die taal?

De meeste mensen spreken tegenwoordig alleen hun nationale taal. Dit is vooral het geval met diegenen die Engels als moedertaal hebben. Zij bemerken dat mensen in andere landen proberen Engels te spreken. Dus denken ze dat ze geen andere talen hoeven te leren. Het lijkt alsof hun God hen het internationale communicatiemiddel heeft geschonken. Misschien hoeven ze niet zoals anderen in de wereld de halve weg te gaan om met andere culturen te communiceren. Misschien IS Engels de plaats waar iedereen naartoe moet komen. Misschien... zijn anderen ongelukkig door geboorte. Maar *misschien* zit er meer achter het verhaal...

Het lijkt wel alsof het Engels heeft gewonnen in de strijd

communication. Although it used to give people an edge in international business, one observer now states it this way:

> "It has become a new baseline: without English you are not even in the race."

So now the competition is over. No other language could be more successful now. Why is that?

The high situation of English is now recognized because communication is now global, and happens in one second.

There have been periods in history where one language seemed to have worldwide acceptance. But, in all these periods, the "world" covered by one of these languages was not the whole planet.

voor wereldcommunicatie. Hoewel het vroeger zeker een voordeel was in internationaal zaken doen, zegt een waarnemer het als volgt:

> "Het is de nieuwe basis: zonder de Engelse taal kom je niet eens aan bod."

Nu is de competitie dus voorbij. Geen enkele andere taal zou meer succes kunnen hebben. Hoe komt dat?

De belangrijke plaats van het Engels is nu erkend omdat communicatie over de wereld gebeurt en binnen één seconde.

Er zijn periodes is de geschiedenis geweest waarin één taal wereldwijd leek geaccepteerd te worden als communicatiemiddel. Maar gedurende al die periodes was de wereld die door één van deze talen bedekt werd niet de hele planeet.

Chinese was not known to Greeks in the time of the Roman Empire. The hundreds of Australian languages were not known to Europeans when they settled there. Japanese people did not learn and speak French in the 18th century.

Then, much communication was a matter of time and distance. Now, for the first time, communication has no limits on our Earth. 200 years ago it took more than six months to get a message from Auckland, New Zealand, to London. In our global world, a message goes from Auckland to London in less than a second.

Chinees was in de tijd van het Romeinse Rijk niet bekend bij de Grieken. De honderden Australische talen waren niet bekend bij de Europeanen toen ze daar neerstreken. Japanners hebben in de 18e Eeuw geen Frans leren spreken.

Toen was veel communicatie een kwestie van tijd en afstand. Nu voor de eerste keer heeft communicatie geen grenzen op deze planeet. Tweehonderd jaar geleden duurde het meer dan 6 maanden om een boodschap van Auckland, Nieuw-Zeeland naar Londen te sturen. Tegenwoordig kan dezelfde boodschap in minder dan één seconde aankomen.

As Marshall McLuhan said in his book *The Guttenberg Galaxy*, this world is now just the size of a village – a "global village." In a village, all people communicate in the language of the village. All nations now accept English as the communication for our global village.

Some people dislike that fact a lot. They want to keep their language, and even to avoid English. And, there are people who do not care at all, and they do not see what is happening or what it means.

Finally, there are people who accept it, and even benefit from it. Many Chinese, Spanish and German people realize their language is not global and so they are learning English. They speak about their wonderful culture in English but they also continue to speak their first language.

We can be very confident this situation will not change. With all the people now learning English as a second language, and there will be no need to change. As in the past, people will speak more than one

Zoals Marshall McLuhan heeft gezegd in zijn boek *De Guttenberg Galaxy*, heeft deze wereld nu de omvang van een dorp, een "wereldwijd dorp". In een dorp communiceren alle mensen met elkaar in de dorpstaal. Alle naties accepteren nu Engels als communicatiemiddel voor ons wereldwijde dorp.

Sommigen hebben hiervoor een afkeer. Zij willen hun taal behouden en doen alles om het Engels te ontwijken. En er zijn mensen wie het niet kan schelen; zij zien niet wat er gebeurt of wat het betekent.

Tenslotte zijn er ook mensen die het accepteren en er van profiteren. Veel Chinezen, Spanjaarden en Duitsers realiseren zich dat hun taal niet de wereldtaal is en zodoende leren zij de Engelse taal. Zij spreken over hun geweldige cultuur in het Engels, maar ze blijven hun moedertaal spreken.

Wij kunnen ervan uitgaan dat deze situatie niet meer zal veranderen. Met al die mensen die nu Engels leren als een tweede taal zal er ook geen reden zijn om te veranderen. Zoals in het verleden zullen

language as children.

Leading economic powers, such as China, Brazil, India, Russia, and Japan will have many people speaking English. No one is going to win markets now with military battles.

And no one will need to change languages, as used to happen. Now nations will try to win hearts and minds with their better, less expensive products. It is a new world now, and maybe a better one.

To communicate worldwide, these people will use varying qualities of English. But once they master "a reasonable amount" of English they will not want or need to require others to use their mother tongue. So English will certainly continue to be the most important international language. The economic winners today or tomorrow will use their English well enough so that they don't need anything else. This "common ground" is what everybody will continue to agree on...

meer mensen al als kind een tweede taal spreken.

In leidende economische landen, zoals China, Brazilië, India, Rusland en Japan zullen velen Engels spreken. Niemand zal markten winnen met militaire gevechten.

En niemand zal van taal hoeven te veranderen, zoals vroeger. Nu zullen naties de harten en gedachten van anderen kunnen winnen met goedkopere en betere producten. Het is een nieuwe wereld en wie weet misschien een betere.

Om wereldwijd te communiceren, zullen deze mensen verschillende niveaus van hun Engels gebruiken. Maar zodra ze een "redelijk niveau" van de Engelse taal beheersen, is het niet nodig dat anderen hun moedertaal spreken, Dus zal Engels verder de internationale taal blijven. De economische winnaars van vandaag of morgen zullen met hun Engels goed uit de voeten kunnen en ze zullen geen andere taal meer nodig hebben. Dit "punt van overeenkomst" zal iedereen verenigen.

Language Used In Business Communication
Taal gebruikt in zakelijk verkeer

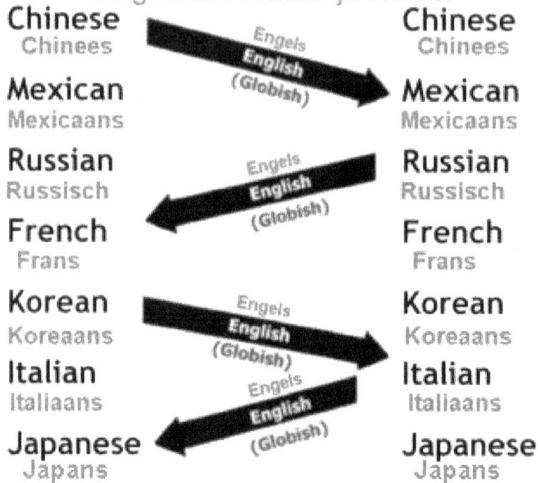

Chinese Chinees	**Chinese** Chinees
Mexican Mexicaans	**Mexican** Mexicaans
Russian Russisch	**Russian** Russisch
French Frans	**French** Frans
Korean Koreaans	**Korean** Koreaans
Italian Italiaans	**Italian** Italiaans
Japanese Japans	**Japanese** Japans

Engels English (Globish)

© David Hon 2008

Still, many people will continue to learn Chinese or Spanish or Russian. They will do this to understand other cultures. But it will be of less help in doing worldwide business. In an international meeting anywhere, there will always be people who do not speak the local language.

Everyone in this meeting will then agree to change back to English, because everyone there will have acceptable English.

Hoewel, velen zullen nog steeds Chinees, Spaans of Russisch leren. Zij doen dit om andere culturen beter te begrijpen. Maar het zal minder helpen in het wereldwijde zaken doen. In een internationale vergadering, ongeacht waar, zullen er altijd mensen zijn die de locale taal niet spreken.

Iedereen in deze vergadering zal het er mee eens zijn Engels te spreken, want iedereen spreekt een aanvaardbaar niveau Engels.

26

Today, Mandarin Chinese is the language with the most speakers. After that is Hindi, and then Spanish. All three of them have more native speakers than English. But Hindi speakers talk to Chinese speakers in English and Spanish speakers communicate to Japanese speakers in English.

They cannot use their own languages so they must use the most international language to do current business. That is why English is now locked into its important position the world over.

Sometimes we wonder if it is good that English won the language competition. We could argue that it is not the right

Mandarijns Chinees is de taal gesproken door het grootste aantal mensen, gevolgd door Hindi en dan Spaans. Deze drie talen hebben meer moedertaalsprekers dan het Engels. Maar Hindi-sprekers spreken Engels tegen Chinezen en Spanjaarden communiceren met Japanners in het Engels.

Zij kunnen niet hun eigen taal gebruiken en dus moeten ze de meest gebruikte internationale taal benutten om zaken te doen. Daarom is Engels nu zo belangrijk over de hele wereld.

Soms vragen we ons af of het goed is dat Engels de taalcompetitie heeft gewonnen. We kunnen discussiëren of het

27

language. It is far too difficult, with far too many words (615,000 words in the Oxford English Dictionary…and they add more each day.)

Too many irregular verbs. The grammar is too difficult. And most importantly, English does not have good links between the written and the spoken language. Why do the letters "ough" have four different pronunciations ("cough, tough, though, through") Why is a different syllable stressed in photograph, photography and photographer? And why is there not a stress mark? Why doesn't "Infamous" sound like "famous?" or "wilderness" like "wild?" Why isn't "garbage" pronounced like "garage", or "heathen" like "heather"?

English was never expected to make sense to the ear. Pronunciation in English is a horrible experience when you have not been born into that culture. Yet it appears to sound

wel de juiste taal is. Het is veel te moeilijk, met veel te veel woorden (615,000 woorden in de Oxford English Dictionary.... en daaraan worden dagelijks woorden toegevoegd).

Te veel onregelmatige werkwoorden. De grammatica is te moeilijk. En dan het belangrijkste nog, Engels heeft geen duidelijk verband tussen het gesprokene en het geschrevene. Waarom heeft de lettercombinatie "ough" vier verschillende uitspraken ("cough, tough, though, through"). Waarom is steeds een andere lettergreep beklemtoond in photograph, photography and photographer? Waarom klinken "infamous" en "famous" niet hetzelfde? Of "wilderness" en "wild". En waarom wordt "garbage" niet uitgesproken als "garage" of "heathen" als "heather"?

Engels is nooit bedoeld om goed te klinken. Engels uitspreken is verschrikkelijk als het niet je moedertaal is. Maar voor een Engelse moedertaalspreker klinkt het vanzelfsprekend.

natural to native English speakers.

Some languages, like Italian, German, and Japanese, can match written words to the way they are spoken. So it may appear unlucky for us that one of them did not win it all. Italian, for example, is a language where every letter, and every group of letters, is always *pronounced* the same way. When you are given an Italian document, you can *pronounce* it once you understand a limited number of fixed rules. In English you have to learn the *pronunciation* of every word.

Many English words are borrowed from other languages, and they sometimes keep their old pronunciation and sometimes not. English words cannot be written so the stressed syllables are shown. All non-native English speakers know that they may have to sleep without clothes if they try to buy "pajamas." Where is the mark to show what we stress in "pajamas?" So, the borrowed

Sommige talen zoals Italiaans, Duits en Japans kunnen de woorden samenvoegen zoals ze geschreven en gezegd worden. Het kan lijken dat het voor ons ongelukkig is dat zij het niet gewonnen hebben. In het Italiaans bijvoorbeeld worden iedere letter en iedere lettergreep altijd hetzelfde *uitgesproken*. Wanneer je een Italiaans document krijgt, kan je alles *uitspreken* zodra je een beperkt aantal vaste regels begrijpt. In het Engels moet je ieder woord leren uitspreken.

Veel Engelse woorden komen uit andere talen en soms behouden die hun originele uitspraak, maar soms ook niet. Engelse woorden kunnen niet zo worden geschreven dat de klemtoon wordt getoond. Ieder die niet Engels als moedertaal heeft, moet leren hoe je bepaalde woorden moet uitspreken. Je zou weleens zonder nachtkleding kunnen komen te zitten als je een "pyjama" wil kopen. Er is geen leesteken om te laten zien hoe je het woord "pyjama" moet uitspreken. Het ontleende woord

word "pajamas" would be better written as *pa-JA-mas*. In English you must learn exactly which syllable gets the stress, or **no one** understands you.

But Italian, German, or Japanese did not win the language competition. English did. Luckily, this does not mean that there are people who won and people who lost. In fact, we will show that the people whose language seemed to win did not, in fact, improve their positions. The other people won, and those non-native speakers will soon win even more. This is one of the many "Globish Paradoxes."

Chapter 4

The Native English Speakers' Edge... is Their Problem

Speaking an extra language is always good. It makes it easier to admit that there are different ways of doing things. It also helps to understand other cultures, to see why they are valued and what they have produced. You can discover a foreign culture through traveling and translation. But truly understanding is another thing: that requires some mastery of its language to talk with people of the culture, and to read their most important books. The "not created here" idea comes from fear and dislike of foreign things and culture. It makes people avoid important ideas and new ways of working. It makes people avoid important ideas and new ways of working.

Hoofstuk4

De kracht van de Engelsspreken den... is hun probleem

Het spreken van een extra taal is bijna altijd een voordeel. Het maakt het gemakkelijker om toe te geven dat er meerdere manieren zijn om dingen te doen. Het kan ook helpen om verschillende culturen te begrijpen, om te zien waarom ze gewaardeerd worden en wat ze hebben voortgebracht. Je kan een vreemde cultuur ontdekken door reizen en vertalingen. Maar het echt begrijpen is iets anders: het vereist een zekere beheersing van de taal om met de inwoners te communiceren of hun belangrijkste boeken te lezen. De "hier niet gecreëerde" mentaliteit komt van angst en afkeer van vreemde culturen. Het houdt mensen tegen om belangrijke ideeën en nieuwe werkwijzen uit te proberen.

Native English speakers, of course, speak English most of the time - with their families, the people they work with, their neighbors, and their personal friends. Sometimes they talk to non-native speakers in English, but most English speakers do not do this often. On the other hand, a Portuguese man speaks English most often with non-native English speakers. They all have strange accents. His ears become sympathetic. He learns to listen and understand and not be confused by the accent. He learns to understand a Korean, a Scotsman or a New Zealander with strong local accents. And he learns to understand the pronunciations of others learning English. Often, he understands accents much better than a native English speaker.

It is a general observation that the person who already speaks five languages has very little difficulty learning the sixth one. Even the person who masters two languages is in a much better position to learn a third one than his

Engelstaligen spreken meestal Engels met hun gezinnen, collega's, hun buren en hun vrienden. Soms spreken ze met mensen die niet het Engels als moedertaal hebben, maar de meesten doen dit niet vaak. Aan de andere kant, een Portugese man spreekt meestal Engels met anderen die niet het Engels als moedertaal hebben. Ze hebben allemaal verschillende accenten. Zijn oren wennen eraan. Hij leert om te luisteren en niet in de war te raken door de verschillende accenten. Hij leert om een Koreaan, een Schot of een Nieuw-Zeelander te verstaan. En hij leert om andere uitspraken van andere niet-moedertaalsprekende Engelsen te begrijpen. Vaak begrijpt hij accenten beter dan Engelstaligen.

Het is een algemene opvatting dat iemand die al 5 talen spreekt een 6de taal snel kan oppikken. Zelfs iemand die maar 2 talen spreekt kan de 3de taal veel makkelijker oppikken dan iemand anders van zijn

countryman/countrywoman who sticks only to the mother tongue. That is why it is too bad people no longer speak their local patois. The practice almost disappeared during the 20th century.

Scientists tell us that having a second language seems to enable some mysterious brain connections which are otherwise not used at all. Like muscles with regular exercise, these active connections allow people to learn additional foreign languages more easily.

Now that so many people migrate to English-speaking countries, many of the young people in those families quickly learn English. It is estimated, for example, that 10% of all younger persons in the UK still keep another language after they learn English. Probably similar figures are available in the US. Those children have an extra set of skills when speaking to other new English language learners.

The British Council is the

land die alleen maar de nationale taal spreekt. Daarom is het jammer dat mensen niet meer hun plaatselijke dialect spreken. Dit verdween bijna geheel in de 20ste eeuw.

Wetenschappers vertellen ons dat het spreken van een tweede taal ons in staat lijkt te stellen een aantal mysterieuze hersenverbindingen te maken die anders niet gebruikt zouden worden. Zoals spieren die regelmatig getraind worden, staan deze actieve connecties toe gemakkelijker bijkomende vreemde talen te leren.

Nu dat zo veel mensen naar Engelstalige landen emigreren, leren veel jongeren van die families snel Engels. Er wordt bijvoorbeeld geschat dat 10% van alle jongeren in Groot-Brittannië nog een tweede taal behouden nadat ze Engels geleerd hebben. Hoogstwaarschijnlijk zijn ongeveer dezelfde cijfers beschikbaar voor de VS. Deze jongeren hebben een extra bekwaamheid als ze praten met andere beginnende Engelstaligen.

De British Council is de hoogste

highest authority on English learning and speaking. It agrees with us in its findings. David Graddol of the British Council is the writer of English Next, which is a major study from the British Council. Graddol said (as *translated into Globish*):

> *"(Current findings)... should end any sureness among those people who believe that the global position of English is completely firm and protected. We should not have the feeling that young people of the United Kingdom do not need abilities in additional languages besides English."*

Graddol confirms:

> *"Young people who finish school with only English will face poor job possibilities compared to able young people from other countries who also speak other languages.*

authoriteit wanneer het gaat om Engels leren en spreken. Zij zijn het met onze bevindingen eens. David Graddol van de British Council is de auteur van English Next, een groot onderzoek van de British Council. Graddol schrijft *(vertaling in het Globish);*

> *''(Recente bevindingen)...zouden alle zekerheid moeten beëindigen van mensen die geloven dat de wereldpositie van de Engelse taal volledig zeker en beschermd is. Wij moeten niet het gevoel hebben dat de jongeren van Groot-Brittanie geen behoefte hebben aan vaardigheden in een andere taal naast het Engels."*

Graddol bevestigt:

> *„Jongeren die hun school afmaken met alleen het spreken van Engels zullen in de toekomst een zwakke positie op de arbeidsmarkt hebben in vergelijking met jongeren uit andere landen die wel*

Global companies and organizations will not want young people who have only English.

Anyone who believes that native speakers of English remain in control of these developments will be very troubled. This book suggests that it is native speakers who, perhaps, should be the most worried. But the fact is that the future development of English is now a global concern and should be troubling us all.

English speakers who have only English may not get very good jobs in a global environment, and barriers preventing them from learning other languages are rising quickly. The competitive edge (personally, organizationally, and nationally) that

een tweede taal machtig zijn. Internationale bedrijven zullen geen jongeren willen die alleen Engels spreken.

Iedereen die gelooft dat alleen diegenen een voorsprong hebben die Engels als moedertaal spreken, zullen bedrogen uitkomen. Dit boek wijst erop dat moedertaalsprekers van het Engels juist verontrust zouden moeten zijn. Maar het is een feit dat de toekomstige ontwikkeling van het Engels nu een wereldzaak is waarover we ons allemaal moeten bekommeren.

Sprekers die alleen Engels spreken, zullen misschien niet zulke goede banen krijgen in het internationale bedrijfsleven en de belemmeringen om een andere taal te leren, nemen snel toe. Het concurrentievoordeel (persoonlijk, organisatorisch en

English historically provided people who learn it, will go away as English becomes a near-universal basic skill.

English-speaking ability will no longer be a mark of membership in a select, educated, group. Instead, the lack of English now threatens to leave out a minority in most countries rather than the majority of their population, as it was before.

*Native speakers were thought to be the "gold standard" (**idioms remain in this section**); as final judges of quality and authority. In the new, quickly-appearing environment, native speakers may increasingly be indentified as part of the problem rather than being the basic solution. Non-native speakers will feel these "golden" native speakers are bringing along "cultural baggage" of little interest, or as teachers are "gold-plating" the teaching*

nationaal) dat Engelsen in het verleden hadden, zal verdwijnen als Engels een bijna universele basisvaardigheid wordt.

Het vermogen Engels te spreken zal niet langer een teken zijn van het behoren tot een goed opgeleide groep. In plaats daarvan zal het ontbreken van het Engels nu in de meeste landen een minderheid dreigen uit te sluiten in plaats van de meerderheid van de bevolking, zoals het was in het verleden.

*Moedertaalsprekers van het Engels werden ooit beschouwd als de "goudstandaard"(**idioom aangehouden in dit gedeelte**), als definitieve beoordelaars met prestige en gezag. In het nieuwe, snel verschijnende milieu kunnen moedertaalsprekers eerder gezien worden als een deel van het probleem dan als de basisoplossing. Niet-moedertaalsprekers zullen ervaren dat deze "gouden" moedertaalsprekers veel minder belangrijke "culturele bagage" meebrengen of dat ze als leraren*

process.

Traditionally, native speakers of English have been thought of as providing the authoritative standard and as being the best teachers. Now, they may be seen as presenting barriers to the free development of global English.

We are now nearing the end of the period where native speakers can shine in their special knowledge of the global "lingua franca."

Now David Graddol is an expert on this subject. But he is also an Englishman. It would be difficult for him - or any native English speaker - to see all that non-native speakers see... and see differently.

For example, non-native speakers see how native English speakers believe that their pronunciation is the only valid one. Pronunciation is not easy in English. There are versions of English with traditional or old colonial

het leerproces "vergulden".

Traditioneel worden moedertaalsprekers gezien als diegenen die de standaard bepalen en als zijnde de beste leraren. Nu kunnen ze gezien worden als diegenen die barrières opbouwen tegen de vrije ontwikkeling van het wereldwijd Engels.

We naderen nu het einde van een periode waarin moedertaalsprekers kunnen uitblinken in hun kennis van de wereldwijde "lingua franca".

Nu, David Graddol is een expert op dit gebied. Maar hij is ook een Engelsman. Het zou moeilijk voor hem zijn – of voor welke moedertaalspreker ook – om te zien wat niet-moedertaalsprekers zien... en anders zien.
Niet-moedertaalsprekers zien bijvoorbeeld hoe moedertaalsprekers geloven dat hun uitspraak de enige echte is. De uitspraak is niet gemakkelijk in het Engels. Er zijn versies van het Engels met traditionele en oude koloniale accenten. Verschillende Britse accenten

37

accents. Many different British accents were mixed in the past with local languages in colonies such as America, India, South Africa, Hong Kong, Australia, or New Zealand. Today more accents are becoming common as English gets mixed with the accents from other languages. Learners of English often have to struggle to hear "native" English and then to manage the different accents. Learners often learn English with the older colonial accents or newer accents. Not many people now speak English like the Queen of England.

Also, native speakers often use their local idioms as if they are universal. (Like saying that someone who dies is "biting the dust". How long does it take to explain what these really mean? The modern global citizen does not need language like that.)

Non-native speakers also observe this: that most native speakers believe they are

zijn in het verleden gemengd met locale talen in koloniën zoals Amerika, India, Zuid-Afrika, Hongkong, Australië en Nieuw-Zeeland. Heden ten dage worden meer accenten gebruikelijk omdat het Engels steeds gemengd wordt met accenten van andere talen.

Studenten van het Engels hebben het steeds moeilijker om "moedertaal-Engels" eruit te pikken en om de verschillende accenten te beheersen. Leerlingen leren vaak Engels met de oudere koloniale accenten of juist met de nieuwe accenten. Niet veel mensen spreken tegenwoordig Engels zoals de Koningin van Engeland.

Ook gebruiken moedertaalsprekers vaak hun eigen idiomen alsof die universeel zijn. (Zoals het gezegde "biting the dust" wanneer iemand overlijdt. Hoe lang duurt het wel niet om de betekenis van gezegden uit te leggen? De moderne wereldburger heeft dit soort taal niet nodig.)

Niet-moedertaalsprekers zien ook het volgende: dat de meeste moedertaalsprekers

English experts because they can speak English so easily.

geloven dat zij de deskundigen zijn omdat zij zo gemakkelijk Engels spreken.

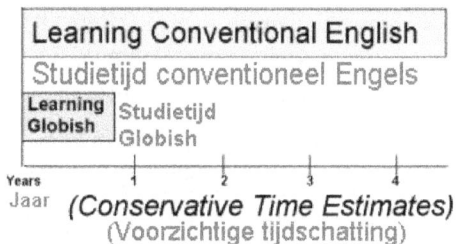

Learning Conventional English

Studietijd conventioneel Engels

| Learning Globish | Studietijd Globish |

Years / Jaar   1   2   3   4

(Conservative Time Estimates)
(Voorzichtige tijdschatting)

Language schools in non-English-speaking countries often have native English speakers as teachers. They are said to be the "gold standard" (an *idiom!*) in English.

Taalscholen in niet-Engelstalige landen hebben vaak moedertaalsprekers als leraren. Zij worden gezien als de "gouden standaard" (een idioom!) in het Engels.

But these native speakers are not always trained teachers. Often all they have is their ability to pronounce words. They do not know what it is like to learn English. In the end result, a teacher needs to know how to teach.

Maar deze moedertaalsprekers zijn niet altijd geoefende leraren. Vaak hebben ze alleen het talent de woorden goed uit te kunnen spreken. Zij weten niet hoe het is om Engels te moeten leren. Uiteindelijk moet een leraar weten hoe hij moet lesgeven.

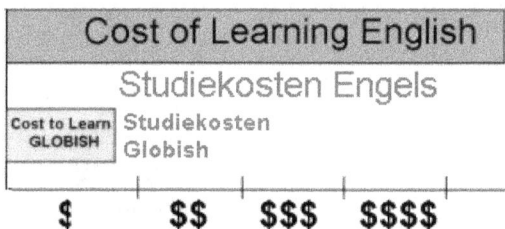

Cost of Learning English

Studiekosten Engels

| Cost to Learn GLOBISH | Studiekosten Globish |

$ $$ $$$ $$$$

So sometimes non-native English speakers become better teachers of English than people

Dus, soms zijn het de niet-moedertaalsprekers die betere leraren van de Engelse taal

with the perfect UK, or US, or South African English pronunciation.

In the past, English schools have made a lot of money using native speakers to teach English. Thus the students always work towards a goal that is always out of reach. Probably none of these students will ever speak the Queen's English. To achieve that you must be born not far from Oxford or Cambridge. Or, at a minimum, you must have learned English when your voice muscles were still young. That means very early in your life, before 12 years old. Learning to speak without an accent is almost impossible. You will always need more lessons, says the English teacher who wants more work.

But here is the good news: Your accent just needs to be "understandable"...not perfect. Learners of English often need to stop and think about what they are doing. It is wise to remember to ask: how much English do I *need*? Do I need *all* the fine words and perfect

worden dan diegenen die een perfecte Britse, Amerikaanse of Zuid-Afrikaanse uitspraak hebben.

In het verleden hebben Engelse scholen veel geld verdiend door moedertaalsprekers te gebruiken als leraren. Daardoor streven de leerlingen altijd naar het onhaalbare. Waarschijnlijk zal geen van deze leerlingen ooit het "Queen's English" spreken. Om dat doel te halen moet je niet ver van Oxford of Cambridge zijn geboren. Of je moet op zijn minst Engels leren als je stemspieren nog jong zijn. Dat betekent erg vroeg in je leven, liefst voor je twaalfde. Engels spreken zonder accent is bijna onmogelijk. Je zult altijd meer lessen nodig hebben, zegt de leraar Engels die meer werk wil.

Maar hier is het goede nieuws: je accent hoeft alleen maar verstaanbaar te zijn.... niet perfect.
Leerlingen moeten vaak stoppen en even nadenken over wat ze aan het doen zijn. Het is verstandig om te vragen: hoeveel Engels heb ik

pronunciation? Perhaps not....   werkelijk *nodig*? Heb ik *alle* fijne
woordjes en de
perfecte   uitspraak   nodig?
Misschien niet...

Technical

Idiom - a term for the use of colorful words which may not be understood by non-native speakers.

Lesson - one section of a larger course of study

International

Migrate - to move your home from one country to another. Also: an immigrant is a person who migrates.

Chapter 5

The English Learners' Problem...Can Be Their Edge

Some very expert English speakers take pride in speaking what is called "plain" English. They recommend we use simple English words, and to avoid foreign, borrowed words for example. So speaking plain English is not speaking bad English at all, and might even be speaking rather good English. Using unusual or difficult words does not always mean you know what you are talking about. In many cases, "plain" English is far more useful than other English. The term "Plain English" is the name of a small movement, but the term is most often used between native speakers to tell each other that the subject is too difficult. They say: *"Just tell me in plain English!"*

It is very important, on the other hand, to speak correct English.

Hoofdstuk 5

Het probleem van de student Engels...kan zijn kracht zijn

Sommige zeer deskundige sprekers van het Engels zijn er trots op dat zij het "gewone" Engels spreken. Zij adviseren dat we gebruik maken van eenvoudige Engelse woorden en vreemde, bijvoorbeeld ontleende woorden vermijden. Dus gewoon Engels spreken is helemaal geen slecht Engels spreken en kan zelfs goed Engels genoemd worden. Gebruik van ongewone of moeilijke woorden betekent niet altijd dat je weet waar je over praat. In veel gevallen is "gewoon" Engels veel nuttiger dan het andere Engels. De term "Gewoon Engels" is de naam van een kleine beweging, maar de term wordt meestal gebruikt tussen moedertaalsprekers om aan te geven dat het onderwerp te moeilijk is. Zij zeggen: "Zeg het maar in gewoon Engels!"

Aan de andere kant is het heel belangrijk, om goed Engels te

Correct English means using common English words in sentences that have reasonably good meanings. Of course, everyone makes mistakes now and then, but a good goal is to say things in a correct way using simple words. This makes it easier to say things that are useful.

spreken. Goed Engels betekent algemene Engelse woorden gebruiken in zinnen die redelijke betekenissen hebben. Iedereen maakt natuurlijk wel eens fouten, maar een goed voornemen is om dingen te zeggen op een correcte en gemakkelijke manier met gebruik van simpele woorden. Dit maakt het eenvoudiger om nuttige dingen te zeggen.

Of course, we know that we say things well enough if people understand what we say. So we need to observe a level of usage and correctness in English which is "enough" for understanding. Less is not enough. And "more than enough" is too much – too difficult – for many people to understand. Most public messages – such as advertisements use fairly common words and fairly simple English. The messages often cost a lot so it is important everyone understands them. On television, time for messages can cost huge amounts so the English used is chosen very carefully. The American Football Super Bowl in

Natuurlijk weten wij dat we de dingen goed genoeg zeggen als men ons verstaat. Dus moeten we een niveau van gebruik en correctheid in het Engels respecteren dat "genoeg" is om te begrijpen. Minder is niet genoeg. En "meer dan genoeg" is te veel – te moeilijk voor veel mensen om te begrijpen. De meeste publieke boodschappen – zoals advertenties - gebruiken vrij gewone woorden en vrij eenvoudig Engels. Zo'n boodschap kost meestal veel, dus is het belangrijk dat iedereen het begrijpt. Op de televisie kan reclametijd heel duur zijn en dus worden de woorden heel zorgvuldig gekozen. Tijdens de Amerikaanse voetbal-kampioenschappen in de VS zijn de reclames erg

the US has advertisements that are very easy to understand. The advertisers pay $2 000 000 a minute for their advertisements, so they want to be sure people understand!

There is a level of English that is acceptable for most purposes of understanding. This is the level that Globish aims to show. As we will see in greater detail, Globish is a defined subset of English. Because it is limited, everyone can learn the same English words and then they can understand each other. Globish uses simple sentence structures and a small number of words, so that means you have to learn less. And it can be expanded easily when people choose to do this.

The Globish word list has 1500 words. They have been carefully chosen from all the most common words in English. They are listed in the middle of this book. In the Oxford English Dictionary there

gemakkelijk te begrijpen. De adverteerders betalen $2.000.000 per minuut voor hun reclameblok, dus willen ze zeker zijn dat men het begrijpt!

Er is een niveau van het Engels dat aanvaardbaar is voor het begrip daarvan. Dit is het niveau dat Globish nastreeft. Zoals we zullen zien in verder detail, is Globish een gedefinieerde deelverzameling van het Engels. Omdat het gelimiteerd is, kan iedereen dezelfde Engelse woorden leren en elkaar begrijpen. Globish gebruikt makkelijke zinsopbouw en maar een beperkt aantal woorden, wat betekent dat je minder hoeft te leren. En het kan makkelijk uitgebreid worden als men hiervoor kiest.

De Globish woordenlijst bevat 1500 woorden. Ze zijn een zorgvuldige keuze uit de meest gebruikte Engelse woorden. Ze zijn te vinden in het midden van dit boek. In the Oxford

are about 615000 entries. So how could 1500 words be enough? This book – in Globish – uses those 1500 basic words and their variations.

This list of 1500, of course, will also accept a few other words which are tied to a trade or an industry: call them "technical words." (Technical is a technical word.) Some technical words are understood everywhere. In the computer industry, words like web and software are usually known by everyone. They are from English or are made up, like Google. And in the cooking industry, many words are French, like "sauté" or "omelette".

Globish also uses words that are already international. Travelers communicate using words like "pizza", "hotel", "police", "taxi", "stop", "restaurant", "toilets", and "photo".

1500 is a lot of words, because English has been a language

English Dictionary zijn ongeveer 615000 woorden te vinden. Dus zou je denken: hoe kunnen dan 1500 woorden genoeg zijn? Dit boek – in Globish – gebruikt die 1500 woorden en hun variaties.

Deze lijst van 1500 zal natuurlijk ook wat andere woorden opnemen die verbonden zijn aan een vak of industrie: noem ze "technische woorden." ("Technisch" is een technisch woord.) Sommige technische woorden worden overal begrepen. In de computerindustrie worden woorden zoals "web" en "software" door iedereen begrepen. Zij komen uit het Engels of zijn verzonnen, zoals "Google". En bij het koken zijn veel woorden Frans, zoals "sauté" of "omelette".

Globish maakt ook gebruik van woorden die al internationaal zijn. Reizigers gebruiken woorden zoals "pizza", "hotel", "police", "taxi", "stop", "restaurant", "toilets", en "photo".

1500 woorden is veel, omdat Engels een taal is die woorden

where words "father" words. The children words of the first 1500 words are easy to learn. For instance, "care" is the father of "careful, carefully, carefulness, careless, carelessly, carelessness, uncaring, caretaker, etc..." It is the same with "use" and hundreds of other words. If you count all the fathers and their children you find over 5,000 Globish words.

Experts say most native English speakers use only about 3,500 words. Well-educated speakers may know many more words but probably only use about 7,500 words. It is demonstrated that even native speakers with high education say 80% of what they have to say with only 20% of their word-wealth. This is only one good example of a universal law called the "Pareto Principle", named after its Paris-born inventor. The Pareto Principle states: For all things that happen, 80% of the results come from 20% of the causes. So, 20% of the educated native speaker's 7500

"bevaderd". De kinderen – de samenstellingen en afleidingen - van de eerste 1500 woorden zijn gemakkelijk om te leren. Voorbeeld: "zorg" is de vader van "zorgzaam, zorgeloos, onbezorgd" enz. Het is hetzelfde met "gebruik" en honderden andere woorden. Als je alle vaderwoorden en hun kinderen zou tellen, kom je uit op meer dan 5000 Globishwoorden.

Deskundigen zeggen dat de meeste moedertaalsprekers slechts 3500 woorden gebruiken. Hoog opgeleide sprekers kennen waarschijnlijk veel meer woorden maar gebruiken er gemiddeld 7500. Er is bewezen dat zelfs hoogopgeleide moedertaalsprekers 80% van wat ze willen zeggen, uitdrukken met slechts 20% van hun woordenschat. Dat is maar één goed voorbeeld van het "Pareto Principe", genoemd naar zijn in Parijs geboren uitvinder. Het Pareto Principe zegt: voor alles wat er gebeurt, komt 80% van het resultaat van 20% van de oorzaak. Dus: 20% van de woordenschat van 7500 van hoogopgeleide

word wealth is....1500. So with 1500 words, you may communicate better than the average native English speaker, and perhaps as well as the highly-educated one – for 80% of the ideas. For the 20% left over, in Globish you can use a definition instead. You will not say "my nephew", as this could be too difficult in many non-English speaking countries. You will say instead: "the son of my brother". It will be all right.

But where did the 1500 words come from?

Various lists of most-commonly-used English words have suggested the 1500 basic words of Globish. However, the value of a set of words should not be by the place they come from but how well we use them.

Globish is correct English *and* it can communicate with the greatest number of people all over the world. Of course, native English speakers can understand

moedertaalsprekers is... 1500. Dus kun je met 1500 woorden misschien beter communiceren dan de gemiddelde moedertaalspreker en misschien zelfs even goed als een hoog opgeleide moedertaalspreker – voor 80% van de ideeën. Voor de overige 20%, kun je in Globish een andere omschrijving gebruiken. Je zult niet zeggen "mijn neef", want dat zou misschien te moeilijk zijn voor niet-Engelssprekende landen. In plaats daarvan kun je dan zeggen "de zoon van mijn broer". Dat kan ook.

Maar waar komen die 1500 woorden vandaan?

Verschillende lijsten van de meest gebruikte Engelse woorden hebben de 1500 basiswoorden van Globish bepaald. Maar, de waarde van de woorden zou niet worden bepaald door waar ze vandaan komen maar hoe goed je ze gebruikt.

Globish is goed Engels *en* het kan gebruikt worden om te communiceren met velen over de hele wereld. Natuurlijk kunnen moedertaalsprekers het

it very quickly because it is English. And even better: they usually do not notice that it is Globish. But non-native English speakers *do* see the difference: they understand the Globish better than the English they usually hear from native English speakers.

gemakkelijk begrijpen, want het is Engels. Beter nog, ze merken vaak niet dat het Globish is. Maar niet- moedertaalsprekers zien *wel* het verschil: zij begrijpen het Globish beter dan het Engels dat ze gewoonlijk van moedertaalsprekers horen.

Technical Words

Technical - with a scientific basis, or used by a profession

International Words

Pizza - an Italian food found most places in the world

Hotel - a place to stay which rents many rooms by the night

Police - men or women who make certain you follow the law.

Taxi - a car and driver you rent to take you individual places

Restaurant - a place to eat where you buy single meals

Toilets - places to wash hands and do other necessary things

Photo - a picture taken with a camera

Piano - a large box with many keys to make music with

Sauté - French way of cooking; makes meat or vegetables soft

Omelette - a way of cooking meals with eggs

Chapter 6
The Value of a MiddleGround

Hoofdstuk 6
De waarde van een middenweg

There is a story about one of the authors. He worked for an American oil exploration company in his youth. He did not grow up in Oklahoma or Texas like the other workers. One time he had to work with map makers in the high plains of Wyoming. There, the strong winds are always the enemy of communication.

His job was to place recording devices on a long line with the map makers. He would go ahead first with a tall stick, and the oil company map makers behind would sight the stick from far away. They waved at him, to guide him left or right. Then he would shout out the number of the device he planted there, on that straight line. The wind was very loud and he had to shout over it. But often the map makers from Oklahoma and Texas would just shake their heads. They

Er is een verhaal over één van de auteurs. In zijn jeugd werkte hij voor een Amerikaanse oliemaatschappij. Hij was niet opgegroeid in Oklahoma of Texas, zoals de andere werknemers. Op een dag moest hij samenwerken met kaartmakers op de hoogvlakten van Wyoming. Daar zijn de sterke winden altijd de vijand van communicatie.

Zijn taak was om opnameapparatuur te plaatsen op een lange lijn met de kaartmakers. Hij liep vooruit met een lange stok en de kaartmakers van de maatschappij liepen achteraan met de stok in zicht. Ze zwaaiden naar hem, om hem naar rechts of links te laten gaan. Dan schreeuwde hij naar hun om te zeggen hoeveel opnameapparatuur hij had geplaatst op dat punt, op de rechte lijn. De wind was erg hard en hij moest er overheen

could not understand what he shouted. The boy couldn't talk right – they said.

That night, all the men had drinks together. They said they did not want to fire him, but they could not understand his numbers in the wind. After a few more drinks, they decided they could be language teachers. They taught him a new way to count, so the wind would not take away the numbers when he shouted them.

Some of the numbers in the new dialect of English sounded familiar, but others were totally different: (1) "wuhn" (2) "teu" (3) "thray" (4) "foar" (5) "fahve" (6) "seex" (7) "sebn" (8) "ate" (9) "nahne" (10) "teeyuhn" (11) "lebn", and on like that. The map-makers were very happy, and not just because of the drinks. They had saved more than a job. They felt they had saved a soul. They had taught someone

schreeuwen. Maar vaak schudden de kaartmakers van Oklahoma en Texas alleen hun hoofd. Zij konden niet verstaan wat hij riep. De jongen kon niet goed praten – zeiden zij.

Die avond gingen de mannen samen wat drinken. Ze zeiden dat ze hem niet wilden ontslaan, maar dat zij zijn getallen niet konden verstaan in de wind. Na nog wat drankjes besloten zij dat ze taalleraren konden worden. Zij leerden hem een nieuwe manier van tellen, zodat de wind de getallen niet weg zou nemen als hij ze riep.

Sommige getallen in het nieuwe Engelse dialect klonken hetzelfde en sommige waren compleet anders: (1) "wuhn" (2) "teu" (3) "thray" (4) "foar" (5) "fahve" (6) "seex" (7) "sebn" (8) "ate" (9) "nahne" (10) "teeyuhn" (11) "lebn", enzovoort. De kaartmakers waren erg blij en niet alleen vanwege de drank. Zij hadden meer dan alleen een baan gered. Zij hadden een ziel gered. Zij hadden iemand geleerd om

to "talk right" as they knew it.

Many people have experiences like this. If we do not speak different languages or dialects, at least we speak differently at times. We can copy different accents. Sometimes we speak in new ways to make it easier for others to understand us, and sometimes to sound like others so we are more like them. We often use different ways of speaking for jokes.

It should be easy to use Globish – the same words for everyone everywhere in the world. One language for everyone would be the best tool ever. It would be a tool for communication in a useful way. It might not be as good for word games as English, or as good for describing deep feelings. But Globish would be much better for communication between – or with – people who are not native English speakers. And, of course, native English speakers could understand it

"goed" te spreken zoals zij het kenden.

Velen hebben ervaringen zoals deze. Als wij geen verschillende talen of dialecten spreken, spreken we op bepaalde momenten toch anders. We kunnen verschillende accenten kopiëren. Soms praten we anders om het voor anderen gemakkelijker te maken en soms om te klinken als een ander zodat we meer zoals zij zijn. We gebruiken ook andere manieren van praten als we een grap willen maken.

Het zou gemakkelijk moeten zijn om Globish te gebruiken – dezelfde woorden voor iedereen overal in de wereld. Een taal voor iedereen zou het beste communicatiemiddel ooit zijn. Het zou misschien niet zo goed zijn als Engels voor woordspelletjes of voor het uitleggen van diepe emoties. Maar Globish zou veel beter zijn voor het communiceren tussen – of met – mensen die geen moedertaalsprekers zijn. En natuurlijk zouden

too.

So Globish makes an effective tool. You'll be able to do almost anything with it, with a good understanding of what it is and how it works.

But Globish does not aim to be more than a tool, and that is why it is different from English. English is a cultural language. It is a very rich language. It sometimes has 20 different words to say the same thing. And it has a lot of different ways of using them in long, *long* sentences. Learning all the rest of English is a lifetime of work but there is a good reward. People who learn a lot of English have a rich world of culture to explore. They do a lot of learning and can do a lot with what they learn.

But Globish does not aim so high. It is just meant to be a necessary amount. Globish speakers will enjoy travel

moedertaalsprekers het wel begrijpen.

Dus is Globish een geweldig middel. Je zult er bijna alles mee kunnen doen, met een goed begrip van wat het is en hoe het werkt.

Maar het doel van Globish is alleen om een middel te zijn en dat is het verschil met Engels. Engels is een culturele taal. Het is een zeer rijke taal. Het heeft soms wel 20 woorden voor één en hetzelfde begrip. En het heeft een heleboel manieren om de woorden in lange, heel lange zinnen te gebruiken. Het leren van de rest van het Engels is een levenslang werk, maar er is wel een goede beloning. Mensen die veel Engels leren, hebben een rijke culturele wereld te verkennen. Zij leren veel en kunnen veel doen met wat ze leren.

Maar Globish heeft niet zo'n hoog doel. Het is bedoeld om gewoon genoeg te zijn. Globishsprekers zullen meer

more, and can do business in Istanbul, Kiev, Madrid, Seoul, San Francisco and Edinburgh.

This will be worth repeating: *Globish is "enough" and less than Globish would be not enough. But more than Globish could be too much, and when you use too much English, many people will not understand you.*

This confuses some people, especially English teachers. They say: "How is better English, richer English, *not always* better?" English teachers like people to enjoy the language, to learn more and more English. It is their job.

When we see native speakers speak English it seems so easy. We think it should be easy for non-native speakers too. But when we look at English tests, we see that all kinds of English are used. There is no clear level of English, just more and more of it. For example, the TOEIC (Test of English for International Communication) does not tell you when you are ready. It does not say when

genieten van het reizen en kunnen zaken doen in Istanboel, Kiev, Madrid, Seoul, San Francisco en Edinburgh.

Dit is de moeite waard om te herhalen: *Globish is "genoeg" en minder dan Globish is niet genoeg. Maar meer dan Globish kan te veel zijn en als je te veel Engels gebruikt, zullen velen je niet begrijpen.*

Sommigen raken hierdoor in de war, vooral leraren Engels. Zij zeggen: "Waarom is beter Engels, rijker Engels, *niet altijd* beter?" Leraren Engels willen dat mensen van een taal genieten, om meer en meer Engels te leren. Dat is hun beroep.

Als we Engelstaligen horen spreken dan lijkt het zo gemakkelijk. Wij denken dat het ook gemakkelijk zou moeten zijn voor niet-moedertaalsprekers. Maar als we naar tests kijken, zien we dat allerlei soorten Engels worden gebruikt. Er is geen duidelijk Engels niveau, alleen meer en meer ervan. Voorbeeld, de TOEIC (Test of English for International Communication) vertelt je niet wanneer je er klaar voor bent. Het vertelt je niet wanneer je een

you have "acceptable" English. Globish is a standard that you can reach. A Globish test can tell you if you have a required amount of language to communicate with other people. That is what brings "understanding" – and either we have it, or we don't.

The British Council says (in Globish again):

> "For ELF (English as a Lingua Franca) being *understood* is most important, rather more important than being perfect. The goal of English – within the ELF idea – is not a native speaker but a good speaker of two languages, with a national accent and some the special skills to achieve understanding with another non-native speaker."

These non-native speakers, in many cases, speak much less perfect English than native speakers. Speaking with words

"aanvaardbaar" niveau Engels hebt bereikt. Globish is een niveau dat je kunt halen. Een Globishtest kan je vertellen of je het niveau hebt bereikt waarbij je met anderen kunt communiceren. Dat is "begrip" en we hebben het of we hebben het niet.

De Britise Council zegt (in Globish):

> "Voor ELF (Engels als een Lingua Franca) is *begrepen worden* het meest belangrijke, belangrijker dan perfect zijn. Het doel van Engels – binnen het ELF idee – is niet een moedertaalspreker te zijn, maar een goede spreker van twee talen, met een nationaal accent en wat bijzondere vaardigheid om een andere niet-moedertaalspreker te kunnen begrijpen."

In veel gevallen spreken deze niet moedertaalsprekers minder perfect Engels dan moedertaalsprekers. Spreken

56

that go past the words they understand is the best way to lose them. It is better then, to stay within the Globish borders. It is better to do that than to act as if you believe that the best English shows the highest social status. **With Globish, we are all from the same world.**

met woorden die zij niet begrijpen, is de beste manier om hen te verwarren. Het is dan beter om binnen de grenzen van Globish te blijven. Dat is beter dan het gebruiken van het beste Engels dat misschien een hogere sociale status laat zien. **Met Globish, komen we allemaal van dezelfde wereld.**

Chapter 7

The Beginnings of Globish

The *most* important thing about Globish is that it started with non-native English speakers. Some English professor could have said "I will now create Globish to make English easy for these adults who are really children." Then Globish would not be global, but just some English professor's plaything. But the true Globish idea started in international meetings with British, Americans, continental Europeans, and Japanese, and then Koreans. The communication was close to excellent between the British and the Americans. But it was not good between those two and the other people. Then there was a big surprise: the communication between the last three groups, continental Europeans, Japanese, and Koreans, was among the best. There seemed to be one good reason: they were saying things with each other that they

Hoofdstuk 7

Het ontstaan van Globish

Het *meest* belangrijke van Globish is dat het is begonnen met niet-moedertaalsprekers. Een Engelse professor had kunnen zeggen: "Ik zal nu Globish creëren om het Engels gemakkelijker te maken voor deze volwassenen die eigenlijk kinderen zijn." Dan zou Globish niet voor de hele wereld zijn, maar gewoon een stuk speelgoed van een Engelse professor. Maar het echte Globish is begonnen in internationale vergaderingen met Britten, Amerikanen, Europeanen en Japanners en toen Koreanen. De communicatie tussen de Britten en de Amerikanen was bijna perfect. Maar het ging niet goed tussen deze twee en de anderen. Toen was er een grote verrassing: de communicatie tussen de laatste drie groepen onderling was erg goed.

would have been afraid to try with the native English speakers – for fear of losing respect. So all of these non-native speakers felt comfortable and safe in what sounded like English, but was far from it.

But those non-native English speakers were all *talking* to each other. Yes, there were many mistakes. And yes, the pronunciation was strange. The words were used in unusual ways. Many native English speakers think English like this is horrible. However, the non-native speakers were enjoying their communication.

But as soon as one of the English or Americans started speaking, everything changed in one second. The non-native speakers stopped talking; most were afraid of speaking to the native English speakers. None of them

Daarvoor was één goede reden: zij spraken met elkaar op een manier die ze niet aandurfden met de moedertaalsprekers omdat ze bang waren voor het verlies van respect. Dus voelden deze niet-moedertaalsprekers zich comfortabel en veilig in het spreken van wat ze dachten dat Engels was, maar wat het verre van was.

Maar die niet-moedertaalsprekers waren allemaal met elkaar in gesprek. Ja, er werden veel fouten gemaakt. En ja, de uitspraak was vreemd. De woorden werden gebruikt op ongebruikelijke manieren. Veel moedertaalsprekers vinden dat soort Engels verschrikkelijk. Niet-moedertaalsprekers genoten evenwel van hun communicatie.

Maar zodra één van de Britten of Amerikanen begon te praten, veranderde alles. De niet- moedertaalsprekers hielden op met praten; velen waren bang om met de moedertaalsprekers te praten.

wanted to say a word that was incorrect.

It is often that way across the world. Non-native English speakers have many problems with English. Some native English speakers say non-natives speak "broken English." In truth, non-native English speakers talk to each other effectively *because* they respect and share the same limitations.

The Frenchman and the Korean know they have similar limitations. They do not use rare, difficult-to-understand English words. They choose words that are "acceptable" because they are the easiest words they both know. Of course, these are not always those of the native speakers, who have so many more words to choose from.

The idea of Globish came from this observation: limitations are not always a problem. In fact, they can be useful, if you

Niemand wilde de fout ingaan.

Zo is het vaak over de hele wereld. Niet-moedertaalsprekers hebben veel moeite met Engels. Sommige moedertaalsprekers zeggen dat niet-moedertaalsprekers "gebroken Engels" spreken. De waarheid is dat niet- moedertaalsprekers beter communiceren *omdat* zij elkaar respecteren en ze dezelfde beperkingen delen.

De Fransman en de Koreaan weten dat ze allebei dezelfde beperkingen hebben. Zij gebruiken geen rare Engelse woorden die moeilijk te verstaan zijn. Zij kiezen "aanvaardbare" woorden omdat die gemakkelijker zijn en ze ze beiden kennen. Natuurlijk zijn dat niet altijd de woorden van de moedertaalsprekers die zoveel meer woorden hebben om uit te kiezen.

Het idee van Globish kwam voort uit deze observatie: beperkingen zijn niet altijd het

understand them. Jean-Paul Nerrière could see that *"if we can make the limitations exactly the same, it will be as if there are no limitations at all"*. He decided to record a limited set of words and language that he observed in most non-English speakers. He then suggested that people from various mother tongues can communicate better if they use these carefully chosen limitations. Globish is that "common ground."

probleem. Zij kunnen zelfs nuttig zijn als je ze begrijpt. Jean-Paul Nerrière zag dat *"als we de beperkingen hetzelfde kunnen maken, dan zal het zijn of er helemaal geen beperkingen zijn"*. Hij besloot om een gelimiteerde hoeveelheid woorden en spraak te noteren die het meest voorkwamen bij niet-moedertaalsprekers. Hij stelde toen dat mensen van verschillende achtergronden beter konden communiceren als zij deze goed uitgekozen beperkingen zouden gebruiken. Globish is deze ''gemeenschappelijk ondergrond''.

Nearly-Identical Limitations Worldwide
Bijna identieke beperkingen over de hele wereld

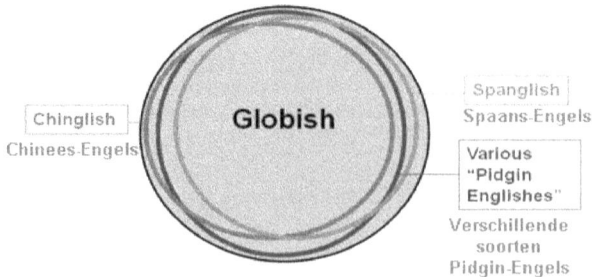

Chinglish
Chinees-Engels

Globish

Spanglish
Spaans-Engels

Various "Pidgin Englishes"
Verschillende soorten Pidgin-Engels

Globish Combines Limitations
Globish combineert beperkingen

This theory of limitations is not as strange as it might seem at first. Most human activities have some limitations.

The World Cup is one of the most-watched competitions in the world, because its set of "limitations" makes it a great game for everyone. In this game of foot-ball, players must use their feet most of the time to control the ball, so tall people and people with big arms do not always win. Some people say it is dancing with the ball; the limitations make it beautiful.

Ballet, of course, has limitations too; it is what you say with your body. And people of every language enjoy both of these. The beauty happens when the limitations are the same. Globish is about having the same limitations, so there is no limit to what can be communicated between people speaking or writing or reading Globish.

Deze theorie van beperkingen is niet zo gek als het klinkt. De meeste menselijke activiteiten hebben enkele beperkingen.

De Wereldbeker is één van de meest bekeken competities in de wereld omdat het een stel "beperkingen" heeft wat het een geweldig spel maakt voor iedereen. Bij voetbal moeten spelers hun voeten gebruiken om de bal onder controle te houden, dus lange mensen en mensen met lange armen winnen niet altijd in dit spel. Sommigen zeggen dat het dansen met de bal is; de beperkingen maken het juist zo mooi.

Ballet heeft ook zijn beperkingen; het is wat je zegt met je lichaam. En mensen van alle talen genieten van beide. De schoonheid onstaat wanneer de beperkingen hetzelfde zijn. Globish gaat ook over het hebben van dezelfde beperkingen, dus is er geen limiet tot wat gecommuniceerd kan worden tussen mensen die Globish spreken of schrijven.

We hope the dancers will not start singing in ballets. But what happens when you can use your hands in "foot-ball?" Then – mostly in the English-speaking cultures – we see their American football and Rugby football. These do not have the limitations of playing only with their feet. Not as many people in the world can sit together and enjoy watching. It is not something they all can share, all knowing the same limitations.

The limitations of Globish also make it easier to learn, easier to find a word to use. Native English speakers seem to have too many words that say the same thing and too many ways to say it.

So communication between non-native speakers can be much more effective when they are using Globish. And if non-native and native speakers use Globish between themselves, both of them will understand. Most people would think that native English speakers could know

Wij hopen dat de dansers niet gaan zingen in het ballet. Maar wat gebeurt er als je opeens je handen kunt gebruiken in "voetbal"? Dan zien we in de meeste Engelssprekende landen opeens hun Football of Rugby. Die hebben niet de beperking van alleen het gebruik maken van hun voeten. Niet zoveel mensen kunnen dan samen kijken en genieten. Het is iets wat ze niet kunnen delen, iedereen kent niet dezelfde beperkingen.

De beperkingen van Globish maakt het gemakkelijker om te leren, gemakkelijker om een woord te vinden. Moedertaalsprekers hebben te veel woorden om hetzelfde te zeggen en te veel manieren om iets te zeggen.

Dus kan communicatie tussen niet-moedertaalsprekers veel beter verlopen als ze Globish gebruiken. En als niet-moedertaalsprekers en moedertaalsprekers Globish gebruiken dan worden ze allebei begrepen. De meeste mensen zullen denken dat

how to speak Globish in one second. But that is not true. Native English speakers who use too many words in too many ways are, in fact, missing a huge opportunity to communicate with the world.

The British Council tells us (here in Globish):

> *"People have wondered for years whether English is so solid in international communication that even the rise of China could not move it from its high position. The answer is that there is already a new language, which was being spoken quietly while native-speakers of English were looking the other way. These native-speakers of English were too happy when they thought their language was the best of all. The new language that is pushing out the language of Shakespeare as the world's Lingua Franca is*

moedertaalsprekers Globish gelijk zouden kunnen gebruiken. Maar dat is niet waar. Moedertaalsprekers die te veel woorden gebruiken op te veel verschillende manieren, missen in feite een goede mogelijkheid om met de wereld te communiceren.

De British Council vertelt ons (in Globish):

> *"Mensen hebben zich jaren afgevraagd of Engels zo solide is in de internationale communicatie dat zelfs de opkomst van China het niet van zijn hoge positie kon stoten. Het antwoord is dat er al een nieuwe taal is die stilletjes gesproken werd terwijl moedertaalsprekers de andere kant op keken. Deze moedertaalsprekers waren al te blij toen ze dachten dat hun taal het beste was. De nieuwe taal die de taal van Shakespeare wegdrukt als 's **werelds** Lingua Franca is het Engels in zijn nieuwe wereldwijde*

English itself – English in its new global form. As this book (English Next) shows, this is not English as we have known it, and have taught it in the past as a foreign language. It is a new happening, and if it represents any kind of winning, it will probably not be the cause of celebration by native English speakers."

vorm. Zoals dit boek (English Next) laat zien, is dit niet het Engels zoals we het hebben gekend en zoals we het hebben geleerd en onderwezen in het verleden als een buitenlandse taal. Het is een nieuwe gebeurtenis en als het een soort overwinning is, dan is het voor moedertaalsprekers waarschijnlijk geen reden om te feesten."

The British Council continues (in our Globish):

De British Council vertelt ons verder (in Globish):

"In organizations where English has become the business language, meetings sometimes go more smoothly when no native speakers are present. Globally, the same kind of thing may be happening, on a larger scale. This is not just because non-native speakers fear to talk to a native speaker. The change is that soon the problem may be that few native speakers will be

"In organisaties waar Engels de voertaal is, gaan vergaderingen soms beter als er geen moedertaalsprekers aanwezig zijn. Over de hele wereld zou dat ook weleens zo kunnen gebeuren, maar dan op een grotere schaal. Dat is niet omdat niet-moedertaalsprekers bang zijn om met moedertaalsprekers te praten. De verandering is dat straks het

66

accepted in the community of lingua franca users. The presence of native English speakers gets in the way of communication."

probleem zou kunnen zijn dat weinig moedertaalsprekers geaccepteerd worden in de gemeenschap van lingua-franca-sprekers. De aanwezigheid van moedertaalsprekers gaat de communicatie belemmeren."

Strangely, many native English speakers still believe they can do all things better than non-native speakers just because they speak better English. How long will it take for them to understand that they are wrong? They have a problem that *they are not able* to understand. They do not see that many non-native speakers simply cannot understand them. This does not mean the native speaker's English is bad. It means that their *communication* is bad; sometimes they do not even attempt to make their communication useful to everyone. Often they don't know how.

Vreemd genoeg denken de meeste moedertaalsprekers dat ze alles beter kunnen dan niet-moedertaalsprekers omdat zij beter Engels spreken. Hoe lang zal het duren voordat ze door hebben dat ze fout zijn? Zij hebben het probleem dat *ze niet in staat zijn te* begrijpen. Ze zien niet dat de meeste niet-moedertaalsprekers hen gewoon niet verstaan. Dat betekent niet dat het Engels van een moedertaalspreker slecht is. Het betekent dat hun *communicatie* slecht is; soms proberen ze niet eens om hun communicatie bruikbaar te maken voor iedereen. Vaak weten ze niet eens hoe het moet.

We want everyone to be able to speak to and understand everyone. There is a middle ground, but the native English speakers are not the ones drawing the borders. And because you may not be able to say this to a native speaker, who might not be able to understand – we will say it here.

To belong to the international community, a native English speaker must:

- **understand....** what is explained in this book,

- **accept....** that it is the fact of a new world which has many new powers that will be as strong as the English-speaking countries,

- decide **to change** with this new reality, in order to still be a member.

Whenever a native English speaker acts as if *you* are the

We willen dat alle mensen met elkaar kunnen spreken en elkaar kunnen begrijpen. Er is een middenweg, maar de moedertaalsprekers zijn niet diegenen die de grenzen bepalen. Omdat je dit misschien niet tegen een moedertaalspreker kunt zeggen, die je misschien niet begrijpt, zeggen wij het hier.

Om mee te doen met de internationale gemeenschap, moet een moedertaalspreker:

- **begrijpen...** wat er uitgelegd wordt in dit boek,

- **accepteren...** dat het de werkelijkheid is van de nieuwe wereld die vele nieuwe bevoegdheden heeft die even sterk zullen zijn als de Engelssprekende landen,

- beslissen mee te **veranderen** met deze realiteit, om zo nog steeds lid te blijven.

Wanneer moedertaalsprekers van het Engels doen alsof *jij* de

stupid one, **please give them this book.** If they choose to take no notice of their problem, they will be left out of communication. They will be left out of activities with others – worldwide – if they do not learn to "limit" the way they use their language. English speakers need to limit both spoken and written English for communication with non-native English speakers. In short, they too need to "learn" Globish. It is not an easy exercise, but it can be done. Some of this book will help them.

domme ben, **geef ze dan dit boek.** Als zij beslissen om nog steeds geen aandacht te besteden aan hun probleem, dan zijn zij diegenen die buitengesloten zullen worden – wereldwijd – als ze niet leren hun taalgebruik te "limiteren". Engelstaligen moeten zowel hun gesproken als hun geschreven taal limiteren om goed te kunnen communiceren met niet-moedertaalsprekers. In het kort, zij moeten "leren" Globish te gebruiken. Het is geen gemakkelijke oefening, maar het is mogelijk. Een deel van dit boek kan hun helpen.

Globish has a special name

Globish heeft een speciale naam

It is very important that the Globish name is *not* "English for the World" or even "Simple English." If its name were *any kind* of English, the native English speakers would say. "OK, we won. Now all you have to do is speak better English." Without the name Globish, they will not understand it is a

Het is belangrijk dat de naam "Globish" niet "Engels voor de Wereld" of zelfs "Gemakkelijk Engels" wordt genoemd. Als de naam *ook maar een vorm* van het Engels was, dan zouden de moedertaalsprekers zeggen. "Oké, wij hebben gewonnen. Het enige wat je nu moet doen is beter Engels spreken." Zonder de naam Globish zouden ze niet

69

special kind of English, and it is no longer "their" English. Most native English speakers who understand this should decide they like it. Hopefully they will say: "Now I understand that I am very lucky. Now my language will be changed a little for the rest of the world. Let me do my best, and they can do their best, and we will meet in the middle."

So *Globish* is a word that tells native English speakers – and non-native speakers – that Globish has a different meaning. Globish is the global language, the language people everywhere can speak. Globish is a name to say that there are limits which everyone can learn. There is a clear set of things they need to learn. And when they learn them, they are done.

Language is equal on this Globish middle ground. No one has an edge. No one can be above anyone else because of language. This is the land where everybody can offer the best ideas with all of his or her

begrijpen dat het een speciaal soort Engels is en niet langer "hun" Engels. De meeste moedertaalsprekers die dit begrijpen, zouden moeten beslissen dit leuk te vinden. Hopelijk zeggen zij: "Nu ik dit begrijp ben ik erg gelukkig. Nu zal mijn taal iets veranderd worden voor de rest van de wereld. Laat ik mijn best doen en zij kunnen hun best, dan komen we elkaar in het midden tegemoet."

Dus *Globish* is een woord dat zowel moedertaalsprekers als niet-moedertaalsprekers vertelt dat Globish een andere betekenis heeft. Globish is de wereldtaal, de taal die iedereen overal kan spreken. Globish is een naam die zegt dat er beperkingen zijn aan wat iedereen kan leren. En wanneer ze die leren, zijn ze klaar.

Taal is gelijk op deze Globish middenweg. Niemand heeft een voorsprong. Niemand kan boven een ander staan vanwege taal. Dit is het land waar iedereen zijn beste ideeën

professional and personal abilities. Globish will be a foreign language to everyone, without exception. It is not "broken English." It is another version of English to which no native English speaker was born.

kan geven, zowel op professioneel als op persoonlijk vlak. Globish zal voor iedereen een vreemde taal zijn. Het is geen "gebroken Engels". Het is een andere versie van het Engels waarvan geen moedertaalsprekers bestaan.

We all come together here.

Wij komen hier allemaal samen.

Chapter 8
Is Globish More Useful than English?

We talk a lot about international communication, but Globish is also important for *national* communication. In many countries, people speak several languages that are all important. Swiss people speak German, Italian, French or Romansh. Belgians speak French, German, Dutch or Flemish. The largest countries like India, and Russia, and China each have many local languages. Israelis speak Hebrew or Arabic. In many cases, all those people only know their own language. They cannot communicate together because they know only one language; their own. In some countries, even people who *can* speak another language try *not* to speak it. It is the language of a group they do not like.

Hoofdstuk 8
Is Globish nuttiger dan Engels?

Wij spreken veel over internationale communicatie, maar Globish is ook belangrijk voor *nationale* communicatie. In veel landen, spreken mensen verschillende talen die allemaal belangrijk zijn. Zwitsers spreken Duits, Italiaans, Frans of Reto-Romaans. Belgen spreken Frans, Duits, Nederlands of Vlaams. De grote landen zoals India, Rusland en China hebben vele lokale talen. Israëliërs spreken Hebreeuws of Arabisch. In veel gevallen, kennen deze mensen alleen hun eigen taal. Zij kunnen niet met elkaar communiceren want ze spreken maar één taal, hun eigen taal. In sommige landen, proberen zelfs mensen die een andere taal *kunnen* spreken, dit *niet* te doen. Het is dan de taal van een groep die ze niet mogen.

In all those cases, Globish is the solution. It is much better defined than the "broken English" which is left over from sad school days. Already, in many of these countries, people try to communicate in English just because it is neutral. It is not the language of any one group. Globish is good for them because it offers a solution and is easy to learn.

For people who do not have the time or the money for a full English program, Globish is good. Its plain and simple English will work for them. With Globish they can learn what they need – but no more. They also like the idea of Globish because it is a solution for the person in the street. English, in most cases, is available for educated people, the upper class. In these countries with more than one language, the rich can travel, and the rich can send their children to study in English-speaking

In al deze gevallen is Globish de oplossing. Het is veel beter gedefinieerd dan het "gebroken Engels" wat vaak is overgebleven van de schooltijd. In veel van deze landen proberen mensen al te communiceren in het Engels alleen al omdat het neutraal is. Het is niet de taal van één bepaalde groep. Globish is goed voor ze omdat het een oplossing is en gemakkelijk om te leren.

Voor diegenen die niet de tijd of het geld hebben voor een volledig Engels programma, is Globish ideaal. Het is duidelijk en eenvoudig Engels waar ze baat bij hebben. Met Globish kunnen ze leren wat ze nodig hebben - maar niets meer. Zij vinden Globish een goed idee want het is een oplossing voor de doorsnee persoon. Engels is in de meeste gevallen beschikbaar voor de hoger opgeleiden, de hogere klasse. In landen met meerdere talen, kunnen de rijke reizen en zij kunnen hun kinderen naar

countries. The poorest people also need English, to get ahead in their nation and the world, but they do not have the same resources. Globish will allow the people inside nations to talk more, and do more business there and with the rest of the world. That is the result of Globish – more national talk and more global talk.

Engelstalige landen sturen om te studeren. De armste mensen hebben ook Engels nodig om vooruit te komen in hun land en de wereld, maar zij hebben dezelfde middelen niet. Globish zal deze mensen de gelegenheid geven om meer te kunnen praten en meer zaken te doen met de rest van de wereld. Dat is het resultaat van Globish: meer nationale en wereldwijde gesprekken.

gl🌐bish

Snelle Vroege Vooruitgang		Duidelijk EindPunt		Beloning voor Inspanning
Fast Early Progress (FEP)	+	**Clear End Point (CEP)**	=	**Return On Effort (ROE)**
Build on English you have. Globish doesn't need all the kitchen tools, English measures, cultural ideas, or perfect Oxford Pronunciation		*"Enough English" means you can do the most business, travel in the most countries, and talk to the most people, and write to the most people.*		*From "Enough" - each 5% "better" English requires another year of study. All people don't have the time or the money to be more perfect.*
Bouw op het Engels dat je habt. Globish hoeft niet alle keukengereed-schappen, Engelse maten, culturele ideeën of perfecte Oxford-uitspraak		"Genoeg Engels' betekent dat je de meeste zaken, reizen in de meeste landen en praten en schrijven met de meeste mensen kunt doen.		vanaf "Genoeg" betekent iedere 5% "beter" Engels weer een jaar van studie. Niet alle mensen hebben tijd of geld genoeg om perfecter te zijn.

An investor wants to see a valuable return, and a pathway to get there, and a defined end point. In this case, however, every person can be an investor in his or her own future.

What makes Globish more inviting is that people can use it very soon. The learners quickly learn some Globish, then more, then most of what they need, and finally all of it. So, Fast Early Progress (FEP) and a Clear End Point (CEP) improve the student's wish to continue. The Return On Effort (ROE) is just as important as ROI (Return On Investment) is for a business person. In fact, they are very much alike.

The average person in the street has valuable skills or ideas that are not being used. If they cannot operate in all of their nation or all of the world, then those skills or ideas have much less value. So we are all investors.

Een investeerder wil een waardevolle terugkeer zien, het pad om daar te komen en een gedefinieerd eindpunt. In dit geval kan iedere persoon een investeerder zijn in zijn eigen toekomst.

Wat Globish nog aantrekkelijker maakt, is dat mensen het snel kunnen gebruiken. De leerlingen leren snel een beetje Globish, dan meer, dan het meeste wat ze nodig hebben en uiteindelijk alles. Snelle Vroege Vooruitgang (SVV) en een Duidelijke Eindpunt (DEP) zetten een student aan om door te gaan. Voor een zakenman is de Beloning voor Inspanning (BvI) net zo belangrijk als Beloning Voor Investering (BVI). Ze zijn in feite bijna hetzelfde.

De gemiddelde persoon heeft waardevolle vaardigheden en ideeën die niet gebruikt worden. Als zij niet kunnen opereren in hun eigen natie of over de hele wereld, dan hebben die vaardigheden en ideeën minder waarde. Dus zijn wij allemaal investeerders.

There are several ways to learn Globish. Some learners know about 350 to 500 common words in English and can read and say them. Learning Globish can take these people about 6 months if they study for hour every day, including practice writing and speaking. In six months, with more than 120 days of learning, they can learn just 10 words a day. That should not be too hard.

There may not be a class in Globish near you. However, if you know the limitations given in this book, you can direct a local English teacher to give you only those Globish words and only those Globish sentence structures. *You are the customer*, and you can find English teachers who will do what you ask them to. They do not have to be native-English speakers for you to learn.

Another good thing about this method is that you can start Globish where your last English

Er zijn verschillende manieren om Globish te leren. Sommige leerlingen kennen tussen de 350 en 500 courante Engelse woorden en die kunnen ze lezen en uitspreken. Deze mensen kunnen Globish leren in ongeveer 6 maanden als zij iedere dag een uur studeren, inclusief het oefenen van schrijven en spreken. In zes maanden, dus met meer dan 120 studiedagen, kunnen zij 10 woorden per dag leren. Dat kan nooit zo moeilijk zijn.

Er is misschien geen cursus Globish bij jou in de buurt, maar als je de in dit boek gegeven beperkingen kent, kun je een plaatselijke leraar Engels er toe brengen om jou alleen de Globish woorden en de Globish zinsbouw te leren. *Jij bent de klant* en je kunt een leraar Engels vinden die doet wat jij vraagt. Zij hoeven geen moedertaalspreker te zijn om het jou te leren.

Een ander voordeel van deze methode is dat je Globish kunt beginnen waar je met Engels

stopped. If you start Globish knowing 1000 of the most-used English words, then it may take you only 3 *months* to master Globish. That is one of the best things about learning Globish. You know how much to do because you know where it will end.

There are Globish learning materials available. This book – in Globish – has the 1500 words and some other things you need to know. There are a number of materials on Globish already written in local languages or in Globish. There are also computer-based courses, and even a Globish course on a cell phone, the most widely available tool in the world. A lot of written and audio Globish can now be in your pocket or bag.

We should say a few words about pronunciation here. A good teacher can explain how to make clear English sounds. Most teachers will also have audio for you to practice with those sounds. There is a lot of recorded material for learners to

bent gestopt. Als je Globish begint terwijl je al 1000 van de meest gebruikte Engelse woorden kent, dan kun je binnen 3 maanden het Globish beheersen. Dat is een van de beste dingen van het leren van Globish. Je weet hoeveel je moet doen want je weet waar het eindigt.

Er zijn Globish leermaterialen beschikbaar. Dit boek – in Globish – heeft de 1500 woorden en sommige andere dingen die je nodig zult hebben. Er zijn meerdere werken over Globish geschreven in andere talen of in Globish. Er zijn ook programma's voor de computer en zelfs een cursus voor de mobiele telefoon, het meest gebruikte gereedschap van deze tijd.

We moeten een paar woorden zeggen over uitspraak. Een goede leraar kan uitleggen hoe je duidelijk Engelse klanken kunt maken. De meeste leraren zouden ook geluidsapparatuur voor je moeten hebben om deze

practice with. A lot of it is free on the radio, or the World Wide Web. And all of this audio is usually available with the most perfect English accent you can dream of. It can be the Queen's accent. It can be President Obama's accent. It can be whatever you want. Learners should hear different kinds of accents.

You have read here already that a perfect pronunciation is not needed, but only an understandable one, and that is plenty. You must believe this. After all, what is a *perfect accent?* London? Glasgow? Melbourne? Dallas? Toronto? Hollywood? Hong Kong? They *all* think they are perfect! Still, it is widely accepted that only native English speakers can really teach English, and that the teachers with another background should feel like second-class citizens. But this world is changing…quickly.

klanken te oefenen. Er is veel geluidsmateriaal beschikbaar om te oefenen. Veel hiervan is gratis via de radio of via internet beschikbaar. Dit materiaal is beschikbaar met het meest volmaakte Engelse accent. Het kan het accent van de koningin zijn. Het kan president Obama's accent zijn. Het kan zijn wat jij wilt. Leerlingen zouden meerdere accenten moeten kunnen horen.

Je hebt in dit boek al gelezen dat een perfecte uitspraak niet nodig is, maar dat een verstaanbare uitspraak voldoet. Dit moet je geloven. Immers, wat is een *perfect accent?* Londen? Glasgow? Melbourne? Dallas? Toronto? Hollywood? Hongkong? Zij denken *allemaal* dat ze perfect zijn! Maar toch wordt er algemeen aangenomen dat alleen moedertaalsprekers echt Engelse les kunnen geven en dat leraren met andere achtergronden niet zo goed zijn. Maar de wereld verandert… snel.

Before this century, any native English speaker in any non-English-speaking city could sound like he or she knew much more about English, just by pronouncing English quickly and correctly. Non-native English teachers were sometimes worried that they were not well-qualified. They worried that people would discover their English was not perfect. There is good news now. Those days are gone. The old ideas might have been correct about English teaching in the year 1900, but not now. This is a new century. And Globish is the new language in town.

If you are such a teacher of English, things will change for you... all to the better.

If you are such a teacher: welcome to a world that really wants what you can do.

Voor deze eeuw klonk iedere moedertaalspreker in een niet-Engelssprekende stad als iemand die veel meer wist van het Engels, alleen al vanwege de goede uitspraak. Niet-moedertaalsprekende Engelse leraren waren soms bang dat ze niet zo goed gekwalificeerd waren. Ze waren bang dat mensen erachter zouden komen dat hun Engels niet perfect was. Er is nu goed nieuws. Die dagen zijn voorbij. Die oude ideeën waren misschien wel correct in 1900, maar nu niet meer. Dit is een nieuw tijdperk. En Globish is de nieuwe taal.

Als je zo'n leraar Engels bent, gaan de dingen voor je veranderen... de goede kant uit.

Als je zo'n leraar bent: welkom in een wereld die nodig heeft wat jij al kunt.

Chapter 9
A Tool and... A Mindset

Hoofdstuk 9
Een instrument en ... een denkwijze

Globish can achieve what it does because it is useful English *without* a huge number of words and cultural idioms. If Globish speakers can use just this middle level of English, they will be respected everywhere in the world. But the most important difference between English and Globish is how we think when we use Globish.

Globish bereikt zijn doel omdat het nuttig Engels is *zonder* te veel woorden of culturele idiomen. Als Globishsprekers het gemiddelde niveau van het Engels kunnen gebruiken dan worden ze over de hele wereld gerespecteerd. Maar het belangrijkste verschil tussen Engels en Globish is hoe we denken als we Globish gebruiken.

Who is responsible for effective communication? Is it the speaker and writer, or the listener and reader? The listener and reader cannot make communication good if the speaker or writer does not help. Who is guilty if the message does not get across? Who should do everything possible to make sure he or she is understood?

Wie is er verantwoordelijk voor effectieve communicatie? Is het de spreker en de schrijver, of de luisteraar en de lezer? De luisteraar en de lezer kunnen de communicatie niet goed maken als de spreker en de schrijver niet mee helpen. Wie is er verantwoordelijk als de boodschap niet overkomt?

In English, the usual native speaker would answer: "Not me.

In het Engels zou de moedertaalspreker antwoorden:

I was born with English as a mother tongue, and I started listening to it – and learning it – in my mother's arms. If you do not understand me, it is your problem. My English is perfect. When yours gets better, you will not have the same difficulty. If you lack the drive to learn it, this is your problem, and not mine. English is the most important language. I am not responsible for that, but there is nothing I can do to make it different."

Globish is the complete opposite: the person who wants to talk must come at least half the distance to the person he talks to. He or she must decide what is necessary to make the communication happen. The native English speaker or the excellent speaker of English as a second language must say: "Today I must speak at the Globish level so this other person can understand me. If my listeners do not understand me, it is because I am not using the Globish tool very well. This is my responsibility, not theirs." Of

"Ik niet. Ik ben geboren als moedertaalspreker en ik heb het gehoord en geleerd in de armen van mijn moeder. Als je mij niet begrijpt dan is dat jouw probleem. Mijn Engels is perfect. Als dat van jou beter wordt, dan zal je minder problemen hebben. Als je de wil niet hebt om het te leren, dan is dat jouw probleem, niet het mijne. Engels is de belangrijkste taal. Ik ben daar niet verantwoordelijk voor en ik kan er niets aan doen om dat te veranderen."

Globish is het tegenovergestelde: de persoon die wil praten, moet de persoon tegen wie hij wil praten ten minste halverwege komen. Hij of zij moet bepalen wat nodig is om de communicatie mogelijk te maken. De moedertaalspreker of de bevorderde niet-moedertaalspreker zou moeten zeggen: "Vandaag moet ik op het Globishniveau spreken zodat de ander mij kan begrijpen. Als de luisteraar mij niet begrijpt dan komt dat omdat ik het Globish niet goed

course, not everyone accepts the idea of Globish yet. Perhaps they never heard about it. Perhaps they could never find the time to learn about it. Or perhaps they did not think they needed it.

Even if there are just two people, if this communication is important, Globish will help. This means you – the speaker – will take responsibility, using simple Globish words in a simple way, and using Globish "best practices" including body language and charts or pictures we can see. Most of all, when using Globish, the speaker should to wait for the listeners, to check they understand.

If there is a group of people, maybe only one does not speak Globish. The speaker can think: "This person is the only one in the group who can not

gebruik. Het is mijn verantwoordelijkheid, niet die van hun." Natuurlijk accepteert niet iedereen het idee van Globish. Misschien hebben ze er nog niet van gehoord. Misschien konden ze de tijd nog niet vinden er iets over te leren. Of misschien hebben ze gedacht dat ze het niet nodig zouden hebben.

Ook al zijn er maar 2 mensen, als deze communicatie belangrijk is, zal Globish helpen. Dit betekent dat jij, de spreker, verantwoordelijkheid zult moeten nemen door gemakkelijke woorden te gebruiken op een makkelijke manier en om "beste praktijk" van Globish te gebruiken, inclusief lichaamstaal en andere hulpmiddelen. Het meest belangrijk, bij het gebruik van Globish is, dat de spreker moet wachten op de luisteraars om na te gaan of ze het begrijpen.

In een groep mensen is er misschien eentje die geen Globish spreekt. De spreker kan dan denken: "Deze persoon is de enige in de groep die het niet

understand or communicate in Globish. That is too bad. I will ask one of the others to help that one by explaining what was said in this discussion."

So sometimes we decide it is better to communicate with those who understand, and let them tell any others. This means it is good to stop now and then, so the other persons can learn what was said. The English speakers will understand anyway, and the below-Globish level will not at all, but you must work with the identified Globish group until you succeed. If you do not communicate with those, the failure will be yours.

On the other hand, there will be times when you are with native English speakers who do not know about the Globish guidelines, never heard of them, or just don't want to hear about it. But it is up to you to bring the discussion to the correct level. This is in your best interest, but it is also your duty, because

kan begrijpen of die niet kan communiceren in Globish. Dat is jammer. Ik zal vragen of één van de anderen deze kan uitleggen wat er in de discussie gezegd werd."

Soms nemen we de beslissing dat het beter is om te communiceren met diegenen die het begrijpen en het aan hen over te laten de anderen in te lichten. Het is dan het beste af en toe even te stoppen om daartoe de gelegenheid te geven. Engelssprekers zullen de stof in ieder geval begrijpen en diegenen onder het Globishniveau helemaal niet, maar jij moet met de erkende Globishgroep werken tot het lukt. Als je niet met hen communiceert dan is het jouw fout.

Aan de andere kant, er zullen ook tijden zijn dat je samen bent met moedertaalsprekers Engels die niets weten van de beperkingen van Globish, er nooit van gehoord hebben, of er niets van willen weten. Maar het is aan jou om het gesprek naar het goede niveau te

many of the members of this group may already be lost in this discussion.

You must now be their Globish leader. They will be more than thankful to you for bringing the matter into the open without fear. It is easy. Many English speakers forget about others or just do not think about them. You just have to raise a hand, wave it until you are noticed, and say: "Excuse me, I am sorry but some of us do not understand what you are saying. We need to understand you. Could you please repeat, in Globish please, this time?"

To be sure, you will have a reaction, and your native-speaker friend might understand the point for the rest of his or her life. You will have done a great service. But the first reaction is most likely going to be surprise: "Globish, what's that?" It will give you a fine opportunity to explain the story you now understand, and give its reasons. At best you will have an

brengen. Dit is voor jouw eigen belang, maar ook jouw verantwoordelijkheid, omdat velen van die groep deze discussie al niet meer kunnen volgen.

Jij moet nu hun Globish-leider zijn. Zij zullen jou dankbaar zijn omdat je de zaak zonder angst hebt geopenbaard. Het is makkelijk. Veel Engelssprekers vergeten anderen of denken niet aan ze. Je moet de aandacht trekken en zeggen: " Sorry, maar sommigen van ons begrijpen jou niet. Wij moeten jou begrijpen. Kun je het herhalen, deze keer in Globish alsjeblieft?"

Je zult zeker een reactie krijgen en je bevriende moedertaalspreker zal het waarschijnlijk nooit meer vergeten. Je zult iemand een geweldige dienst hebben bewezen. Maar de eerste reactie zal één van verrassing zijn: "Globish, wat is dat?" Dat zal een mooie gelegenheid zijn om

interested native speaker, who wants to know more, will understand your explanation, and will become a much better global communicator, and a Globish friend. That person will see that Globish is often better than English because it is much more sympathetic.

As we said, pronunciations are "acceptable" as soon as they are understood. A foreign accent is never a mistake; it is part of a person's special quality. It makes you different, and can even make you sound sexy. People who have reasonable Globish pronunciation can now stop trying to make it "better" – or to get closer to some native English speaker's – if they are understood.

We said Globish is still correct English. This means you are expected to write and speak in correct English. The grammar

het verhaal uit te leggen. Je zult zeker een geïnteresseerde moedertaalspreker aantreffen die meer wil weten, die jou uitleg zal begrijpen en die beter zal communiceren en een nieuwe vriend van het Globish zal zijn. Die persoon zal zien dat Globish vaker beter is dan Engels omdat het sympathieker is.

Zoals we al zeiden, is iedere manier van uitspraak "aanvaardbaar" zolang het maar begrepen wordt. Een buitenlands accent is nooit fout; het is een eigenschap. Het maakt je anders en kan zelfs sexy zijn. Mensen die een acceptabele Globish-uitspraak hebben kunnen stoppen met proberen om het "beter" te maken - of het te maken zoals een Engelsspreker – zolang ze begrepen worden.

We hebben gezegd dat Globish nog steeds goed Engels is. Dit betekent dat er van je verwacht wordt dat je goed Engels kan

should be reasonable –about subjects and actions, time and place. Globish does not worry about very small differences in American and British speech or spelling or grammar. (And neither should anyone else.)

Globish is much more forgiving because it is asking for understanding, not perfect English. But there is an extra benefit in Globish to all native and non-native speakers: simplicity. It is what older politicians tell younger politicians about their first speeches. It is what older advertising people tell the bright younger ones about making a successful advertisement. It is what news editors tell their young writers about making a good news story. And it is what every English speaking professor should tell every non-native English student about writing and speaking.

On one side of the ocean, Winston Churchill said: "Never use a pound (£) word when a penny (1d) one will do".... And a similar saying known to Americans:

K. I. S. S. =   Keep It Simple, Stupid.

Aan één kant van de oceaan zei Winston Churchill: "Gebruik nooit een pond (£) woord als je een cent (1d) kan gebruiken"... En een gelijkwaardige Amerikaanse uitspraak is:

H.H.M =

Hou het makkelijk

Globish op E.R.K.T. "B1"-niveau
(Globish at C.E.F.R. "B1" Level)

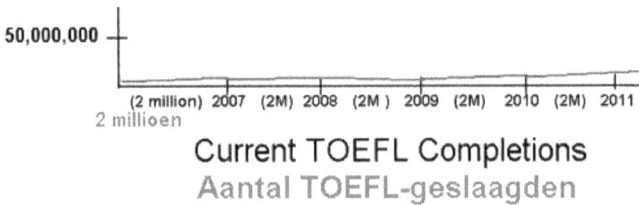

50,000,000

(2 million) 2007   (2M) 2008   (2M) 2009   (2M)   2010   (2M) 2011
2 millioen

Current TOEFL Completions
Aantal TOEFL-geslaagden

Chapter 10
Globish in Many Places

Globish has no desire to be a cultural language like French, or Chinese...or English. People who will use Globish already have their own respected culture and their own language. They will use Globish only as a tool, but it will be the chosen tool of a huge majority of people around the world. When they see ahead to this future many non-native English speakers will decide this is still English. And it is really a form of English, a clear form of that language. They may fear that English is winning over everything they love. They may see this as a threat to their own mother tongue and their culture. So they might decide that they have to fight for the survival of their French, Japanese, Russian or Tagalog – their home and beloved language. Each of them is a respected cultural language

Hoofdstuk 10
Globish op vele plaatsen

Globish heeft er geen behoefte aan om een cultuurtaal te worden zoals het Frans, Chinees... of Engels. Diegenen die Globish gebruiken, hebben al een eigen gerespecteerde cultuur en taal. Zij zullen Globish alleen gebruiken als een instrument, maar het zal door velen worden gebruikt over de hele wereld. Als zij naar de toekomst kijken dan zullen zij beslissen dat dit nog steeds Engels is. En het is ook echt een vorm van het Engels, een duidelijke vorm van de Engelse taal. Zij kunnen de angst hebben dat Engels alles overwint wat ze dierbaar is. Ze kunnen het gaan zien als een bedreiging van hun eigen taal en cultuur. Dus kunnen ze beslissen dat ze moeten vechten voor het behoud van hun Frans, Japans, Russisch of Tagalog,

for many people.

This threat could be true IF we were advising you to learn English. That would be helping English compete with other cultural languages. A few cultures have already taken extreme steps because they fear that the English culture will replace their own. They feel it brings poor values and takes away the strength of their own culture.

However, advising you to learn Globish does the opposite. Globish cannot have any cultural goals, so it does not threaten anyone's language or anyone's culture. It replaces the English competition. Using only Globish could keep all these wonderful cultures *safer* from the English cultural invasion.

Globish can also protect the English language from being "broken" by other cultures.

van hun thuis en van hun geliefde taal. En dat zijn gerespecteerde cultuurtalen voor velen.

Die bedreiging zou echt kunnen zijn ALS wij wilden dat je Engels leerde. Dat zou de Engelse taal helpen in de strijd met andere cultuurtalen. Sommige culturen hebben al stappen ondernomen omdat ze bang zijn dat Engels hun cultuur zal overnemen. Zij vinden dat het slechte waarden met zich meebrengt en dat het de kracht van hun eigen cultuur ondermijnt.

Het bekendmaken dat je Globish leert, heeft echter het tegenovergestelde effect. Globish kan geen culturele doelen hebben, dus vormt het geen bedreiging tegenover welke taal of welke cultuur dan ook. Het vervangt de Engelse concurrentie. Het gebruiken van alleen Globish zou deze geweldige culturen veilig stellen van de Engelse culturele invasie.

Globish kan ook de Engelse taal beschermen tegen "kapot" worden gemaakt door andere

English is a very special case today. In fact, the non-native English speakers who use English are far more numerous than native English speakers. So the non-native speakers will decide and lead in the future of the English language. They will create and present new words, and will throw away the old words. This will happen unless the Globish idea becomes an accepted tool. If this happens, it will give the English language a chance to survive as a cultural language.

Globish offers the English-speaking countries a chance to say: We have a wonderful language, linked to a wonderful culture, and we would like to save all of that. However, we accept that international communication today is mostly using our language. But we can divide the language in two parts. One form will be for English culture that is ours, and one form will be for global communication, trade, and traveling (and this is Globish, with exact rules.) We will

culturen. Het Engels is vandaag de dag een apart geval. Het aantal niet-moedertaalsprekers is groter dan de groep moedertaalsprekers. Dus zullen de niet-moedertaalsprekers de beslissers en leiders zijn van de toekomst van de Engelse taal. Zij zullen nieuwe woorden creëren en presenteren, en zullen oude woorden wegdoen. Dit zal zeker gebeuren tenzij het Globish-idee een geaccepteerd instrument wordt. Als dat gebeurt, zal de Engelse taal als cultuurtaal een overlevingskans hebben.

Globish maakt het mogelijk voor Engelssprekende landen om te zeggen: Wij hebben een geweldige taal die gelinkt is aan een geweldige cultuur en we willen dat allemaal bewaren. We moeten echter accepteren dat de internationale communicatie tegenwoordig onze taal gebruikt. Maar we kunnen de taal in tweeën delen. Eén deel is er dan voor onze Engelse cultuur en het ander zal er zijn voor internationale communicatie, handel en reizen (en dat is dan Globish, met

attempt to use this second form - Globish - whenever we are in those other worlds which are not part of the English culture (s). And we are the lucky ones...Learning Globish for us will be much easier than learning a new language for each place.

If you are delivering a speech in front of a large international audience, you have to deal with many different levels of English. You might think they are like one person, but each individual has different abilities.

nauwkeurige regels). Wij zullen proberen die tweede vorm – Globish – te gebruiken wanneer we ons bevinden in werelden die geen deel uit maken van de Engelse cultuur. En wij zijn de gelukkigen... Het leren van Globish zal makkelijker zijn dan het leren van een nieuwe taal voor iedere omgeving.

Als je een toespraak voor een grote groep internationale mensen moet geven, dan zal je te maken hebben met veel verschillende niveaus van het Engels. Je zou kunnen denken dat ze allemaal hetzelfde zijn maar ieder heeft zijn eigen beperkingen.

Native Speaker English

Engels van moedertaalsprekers

Full Globish Usage

Volledig Globish-gebruik

20%   20%   20%   20%   20%

(Relative Daily English Needs)

Relatieve dagelijkse woordbehoefte

On top of that, someone will be recording you, and your performance will be available in many ways, including on the TV and on the Internet and on DVDs. You need to be understood quickly by the largest possible number. You might think that excellent speakers of two languages are the answer. Interpreters give second-by-second changes to the audience in their languages. But even that method is much better with Globish than with English. The Globish limitations and especially its simpler sentences, shorter and lighter, all ensure better correctness when the speech is changed to another language.

Ask any interpreter: Their worst experience is the long, involved sentences where they get lost. This person needs to listen to all of the words to get the meaning, and if the talk is too long, he or she has lost the beginning when the end finally comes. But those kinds of statements-within-

Meer nog, iemand kan het opnemen en die opname kan op veel verschillende manieren beschikbaar komen, op TV, op internet en dvd's. Je moet snel worden begrepen door zoveel mogelijk mensen. Je zou kunnen denken dat goede sprekers van twee talen het antwoord zijn. Tolken geven van seconde tot seconde veranderingen door aan hun luisteraars in de eigen taal. Maar zelfs die methode is beter met het gebruik van Globish dan met het gebruik van Engels. De beperkingen van Globish en vooral de eenvoudige, korte zinnen garanderen een juistere overdracht naar een andere taal.

Vraag het maar na: een nachtmerrie voor iedere tolk is een lange en ingewikkelde zin waarbij ze zelf de draad kwijt raken. Als een zin te lang is dan wordt het moeilijk om alles op te slaan en tegelijk te vertalen. Maar in Globish heb je geen

statements are mistakes in Globish.

The other horrible experience of the interpreters is seeing words used differently in a field or subject that they don't know. In English there is the word "program", and it means very different things on the TV and on the computer. The interpreter who does not know the field completely will make too many mistakes. On the other hand, if you are talking in Globish, many people in the audience will choose to listen directly to you. The simplest solution is to say things in Globish. You can then use special "technical words" – along with pictures to support them – in a way that people in the industry will quickly understand.

It is very difficult to use Globish guidelines while you are creating your words right there in front of people. But once you are familiar with the idea, practice makes it easier within a short time. The safest way, however, is to give a speech from a written text, and go over that text with Globish software. It will improve the "hit

lange en moeilijke zinnen.

De andere verschrikkelijke ervaring van tolken is wanneer woorden verschillend worden gebruikt in onderwerpen die ze niet kennen. In het Engels heb je het woord "programma" en dat betekent iets anders als je het over televisie hebt dan bij de computer. Een tolk die het onderwerp niet goed kent, zal te veel fouten maken. Maar als er Globish gesproken wordt dan zal er beter geluisterd worden. De makkelijkste oplossing is om dingen te zeggen in Globish. Je kan dan "technische termen" gebruiken - samen met tekeningen om de woorden uit te beelden – zodat mensen uit het vak het snel begrijpen.

Het is heel moeilijk om de Globish-richtlijnen in acht te nemen als je een toespraak ter plekke bedenkt. Maar als je eenmaal bekend bent met de richtlijnen wordt het makkelijker en oefening baart kunst. De veiligste manier is om een toespraak te houden die van tevoren is geschreven en

rate" of the speech (a technical term for the percent of people who listen and do understand). Usually it is at least three times better, and ten times with some listeners who are *not* native English speakers.

gecontroleerd met Globishsoftware. Dit zal de "treffactor " verhogen (dat is een technische term voor het percentage luisteraars dat het gesprokene verstaan). Dat is dan gewoonlijk minstens drie keer beter en tien keer bij sommige luisteraars die *geen* moedertaalsprekers zijn.

A good example is the excellent video tape to the Iranian people by President Obama in 2009. It was in Globish-like language and it could be understood by much of the world without translation. They also listened to Obama's same words in Jerusalem and Ramallah, in Istanbul and in Seoul. In too many other cases, however, major international speeches are made at a level of English that is too difficult for non-native speakers. Of course those international speakers think they did their job. They are wrong. Their job was to be understood by all their listeners.

Een goed voorbeeld is de uitstekende video die President Obama in 2009 heeft gemaakt voor de Iranese bevolking. Die was gemaakt in een Globishachtige taal en werd begrepen in een groot deel van de wereld zonder vertaling. Naar dezelfde toespraak werd ook geluisterd in Jeruzalem en Ramallal, in Istanboel en Seoul. In te veel gevallen worden grote internationale toespraken echter gehouden in een Engels van een te hoog niveau. Natuurlijk denken die sprekers dat ze hun taak hebben vervuld. Ze hebben het mis. Hun taak was om begrepen te worden door al hun luisteraars.

If you are a native English speaker, you could argue that things are very different when you write. You know who you are writing to, and you know that his or her English is very good. Perhaps you write to that person with difficult words to show your ability with the language. But this could be another huge mistake. Very often good ideas are passed on as is to others. You should know that whatever you write today is not written just for the person you send it to. It is always written for the whole wide world. And for this reason, it should be in Globish. If it is forwarded through the Internet it can go around the world 4000 times before you finish your next call. The problem is, if they don't understand it, they will still try to pick up a few words and tell that to their friends. And then what you didn't say well they will say even more poorly in 5000 other languages. The good news is that now you can talk to the whole world at the speed of light. But the really bad news is that no one will ever tell you they don't understand. They

Als je een moedertaalspreker bent dan kan je het argument gebruiken dat het anders is wanneer je schrijft. Je weet aan wie je schrijft en je weet dat zijn of haar Engels erg goed is. Misschien gebruik je moeilijke woorden om te laten zien hoe goed je bent in het Engels. Maar dat kan een grote fout zijn. Soms worden goede ideeën doorgeschoven naar derden zoals ze zijn. Je moet onthouden dat wat je nu schrijft aan één persoon misschien niet bij die ene persoon blijft. Wat je schrijft, is altijd geschreven voor de hele wereld. En om die reden zou je in Globish moeten schrijven. Als het via het internet wordt doorgestuurd, kan het al 4000 keer rond de wereld zijn gegaan voordat je je telefoon hebt neergelegd. Het probleem is, als de aangesprokenen het niet begrijpen, dan pikken ze er toch nog steeds wat woorden uit en dat geven ze dan door aan hun vrienden. Wat jij niet duidelijk hebt gezegd, zal dan nog onduidelijker worden gezegd in 5000 andere talen. Het goede nieuws is dat je wel in een paar seconden met de hele wereld kunt communiceren. Maar het

would be ashamed to show their limitations, so they will all say back to you: "Oh yes, it was very interesting."

You could be working for a global company, with shares owned by people from 123 different countries. They speak almost as many languages. Look closely at your yearly report, and at all the papers sent to shareholders. It is probably written in wonderful English which non-native English speakers from the 117 non-English speaking countries can almost understand. Or is it written in Globish, using exactly the same numbers and saying exactly the same things, but understandable by many more of those shareholders?

If you work in a government agency in an English speaking country, look at the papers and

slechte nieuws is dat niemand je ooit zal vertellen dat ze het niet hebben begrepen. Ze schamen zich voor hun eigen beperkingen, dus zullen ze allemaal zeggen: " Ja, erg interessant."

Stel, je werkt voor een internationaal bedrijf waarbij de aandelen in handen zijn van mensen van meer dan 123 verschillende landen. Zij spreken bijna net zoveel talen. Kijk goed naar je jaarlijkse rapportering en alle documenten die je naar de aandeelhouders stuurt. Deze zijn meest waarschijnlijk in geweldig Engels geschreven, die door niet-moedertaalsprekers van 117 verschillende niet-moedertaallanden bijna wordt begrepen. Of zijn ze in Globish geschreven met gebruik van precies dezelfde getallen en dezelfde inhoud, maar begrijpelijk voor veel aandeelhouders?

Als je in een overheidsinstelling werkt in een Engelstalig land, kijk dan eens goed naar de

forms for the citizens. Many people –who are new to the country and to your language – will have to fill in those forms. They should reach the Globish level soon, and that may be fairly easy. But then, they should get papers written only in Globish, which are understandable *both* by these new ones *and* by all the English-speaking citizens. It would cost much less than printing every paper and form in many different languages. And new people could perform better and more quickly in the economy if they could read the language. Globish can fill this need, but that nation must make this standard, and demonstrate it in all its important papers.

There will always be a few of the new people who cannot yet operate in Globish, even to read simple writing. They may still need to see something in their languages. From normal English the usual solution would be

formulieren. Velen die nieuw zijn in het land en voor wie de taal nieuw is, moeten deze formulieren invullen. Die mensen zouden snel en gemakkelijk Globish kunnen leren. Maar dan zouden ze formulieren in het Globish moeten krijgen die begrijpelijk zijn voor zowel de nieuwelingen als de inwoners van het land. Dat zou veel minder geld kosten dan wanneer je alle formulieren in meerdere talen laat drukken. En die nieuwelingen zouden beter en sneller mee kunnen komen in de economie als zij de taal beter konden lezen. Globish kan deze behoefte vervullen, maar dan moet het land wel Globish als standaard toepassen en het gebruiken in alle belangrijke formulieren.

Er zullen toch altijd enkele van die nieuwe mensen zijn, die in het Globish nog niet kunnen functioneren, zelfs om dingen te lezen. Die hebben dan nog wel formulieren in hun eigen taal nodig. Vanuit het gewone

many translators, one for each language. Their work might be excellent, but it would take a lot of time and a lot of money.

You could also decide to have computer translations to these languages from English. But you must make sure that it works; here is how to do that. Have the computer translate part of your English version into - say - Poldevian. When you have a result, do not show it immediately to the Poldevians. Instead, order the computer to change the Poldevian document back to English. If you think you can understand it - and accept it - then the process is good. In most cases you will be surprised in a bad way. You will decide that computers cannot change languages very well yet. However, Globish has a much better chance of giving good results in computer translation. It has simpler sentence structures, and uses the most common English words. Many times, the computer translation from Globish to Poldevian will give better results, but not perfect

Engels zou de gebruikelijke oplossing het inzetten van veel tolken zijn, één voor iedere taal. Hun werk zou geweldig zijn, maar dat kost veel tijd en veel geld.

Je kunt er ook voor kiezen om een computer deze vertalingen vanuit het Engels te laten doen. Maar dan moet je zeker weten of het werkt. Hier is een tip om dat te doen. Laat de computer een deel van het Engels vertalen in - stel - het Poldeviaans. Als je het resultaat hebt, laat het dan niet meteen zien aan de Poldevianen. Laat de computer het in plaats daarvan terug vertalen naar het Engels. Als je het dan begrijpt - en je vindt de vertaling aanvaardbaar - dan heeft het proces gewerkt en is het goed. In de meeste gevallen zul je bedrogen uitkomen. Je zult erachter komen dat computers nog niet het vermogen hebben om goed te kunnen vertalen. Maar, Globish geeft de computer een betere kans om goed te vertalen. Het heeft makkelijkere zinstructuren en gebruikt de meest gewone Engelse woorden. Vaak zal de

results. This is true of most of Globish, where the goal is to create understanding without 100% perfection.

We must remember, however, that Globish is not a holy language. It is an idea, a guidance. The better you keep to it, the more people will understand you. Perhaps it is like a diet. The closer you stay to it, the more weight you lose. But no diet is going to fail if – just a few times – you have a glass of wine, or a beer. Off-limits words in Globish are not wrong; it is just not wise to bring in difficult words too often. You can use a rare word because no other one will do, and many readers will run to their word books. Or you can use two Globish words that are widely understood by your readers or listeners... and mean the same thing. It is up to you. But the more you stay with the guidance, the better chance you have of everyone understanding you.

computer een betere *vertaling* geven van het Globish naar het Poldeviaans, maar het zal nog geen perfecte vertaling zijn. Dit is waar voor het meeste Globish waarbij het doel is om begrip te creëren zonder 100% perfectie. We moeten onthouden dat Globish niet de heilige taal is. Het is een idee, een leidraad. Hoe dichter je erbij blijft, hoe meer mensen je zullen begrijpen. Een beetje zoals een dieet. Hoe beter je het volgt, hoe meer gewicht je verliest. Maar geen enkel dieet zal falen wanneer je, af en toe, een glas wijn of bier neemt. Verboden woorden in Globish zijn niet fout; het is alleen niet goed om te vaak moeilijke woorden te gebruiken. Je kunt af en toe een ongewoon woord gebruiken als je er echt geen vervanger voor kunt vinden, maar dan zullen de meesten hun woordenboek erbij pakken. Of je zou twee Globish woorden kunnen gebruiken die wel door je lezers of luisteraars worden begrepen en hetzelfde betekenen. Maar hoe vaker je bij de leidraad

blijft, hoe groter de kans dat iedereen je begrijpt.

It is clear also that people who decide to use Globish will possibly master many more words than the list given here. This is clearly true for advanced English students, of course, but also for the other speakers. In many cases the non-native speakers will hear speech or see written material that uses more difficult words. In most cases, non-native speakers will learn these new words, and have them available in case they need to use them again later. This is a good result. We are not suggesting that people close their eyes and their ears to all new words. And there will often be native English speakers who reject the Globish idea completely. With this kind of people, more words will always help the non-native speakers to understand.

Het is ook duidelijk dat diegenen die beslissen Globish te gaan gebruiken meer woorden zullen beheersen dan die in de lijst hieronder. Dit is duidelijk het geval voor de gevorderde studenten Engels, maar ook voor andere sprekers. In veel gevallen zullen niet-moedertaalsprekers toespraken horen of materiaal lezen waarin moeilijkere woorden worden gebruikt. In de meeste gevallen zullen die niet-moedertaalsprekers deze woorden leren en ze in de toekomst zelf gebruiken. Dat is een goed resultaat. We zeggen niet dat mensen hun oren en ogen zouden moeten sluiten voor zulke nieuwe woorden. En er zullen vaak moedertaalsprekers zijn die het idee van Globish geheel afkeuren. Met dit soort mensen zullen meerdere woorden de niet-moedertaalspreker beter helpen.

But these borders of this Globish "middle ground" are not made to keep people in or out. If all speakers know they can come back and be welcomed into Globish, then communication has a chance.

Maar de grenzen van die Globish "middenweg" zijn niet bedoeld om mensen buiten te sluiten of juist binnen te houden. Als iedereen weet dat ze altijd terug kunnen vallen op Globish, dan krijgt communicatie een kans.

Part 2
Elements of
Globish

Deel 2
Elementen van
het Globish

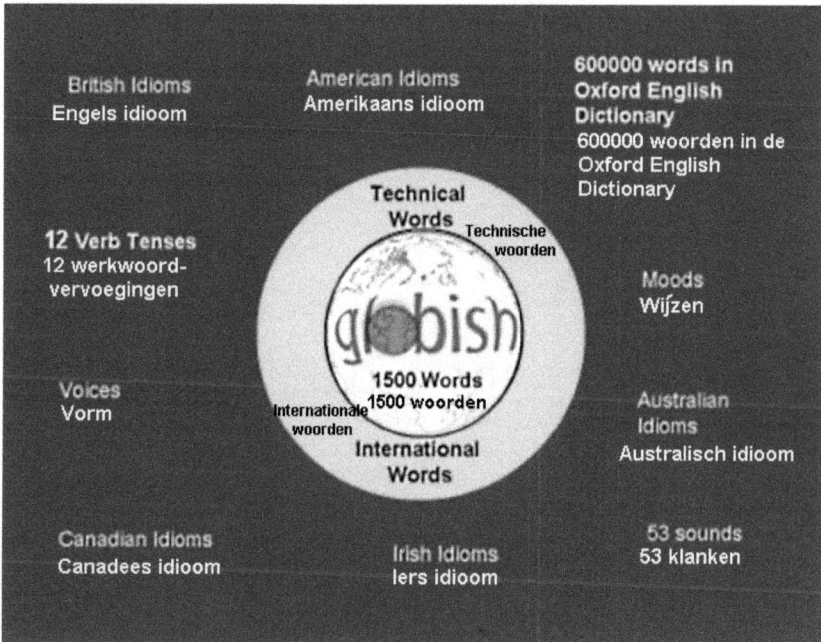

British Idioms Engels idioom	American Idioms Amerikaans idioom	600000 words in Oxford English Dictionary 600000 woorden in de Oxford English Dictionary
12 Verb Tenses 12 werkwoord- vervoegingen	Technical Words Technische woorden	Moods Wijzen
Voices Vorm	glⓄbish 1500 Words 1500 woorden Internationale woorden International Words	Australian Idioms Australisch idioom
Canadian Idioms Canadees idioom	Irish Idioms Iers idioom	53 sounds 53 klanken

(1500 words, 6-10 verb-time formations, phrasal verbs, 8 parts of speech, plus Active, Passive, Conditional forms. Best: 15-word sentences, Maximum 26 word sentences)

(1500 woorden, 6-10 werkwoord – tijd formaties, 8 delen van spreken, met actieve, passieve, voorwaardelijke werkwoordvormen. Het beste: zinnen met 15 woorden en maximaal 26 woorden)

Chapter 11
How much is "enough"?

Globish is "enough" English. That is why a person can learn it more quickly than full English. There are many structures, rules, and ways of using English which make it difficult. Globish has limits so that it is easier to learn and start speaking. A person can know exactly *what* to learn. This is also very helpful in communication between people of varying English abilities. They can all know what to say and write.

But the question will always be asked: What does "enough" mean? What is "enough?" "Not enough" means that you cannot communicate comfortably with anyone, in English or Globish. You may not know enough words or - more likely - you do

Hoofstuk 11
Hoeveel is "genoeg"?

Globish is "genoeg" Engels. Daarom kan iemand het sneller leren dan volledig Engels. Er zijn veel structuren, regels en manieren om Engels te gebruiken, waardoor het moeilijk is. Globish heeft beperkingen waardoor het gemakkelijker is om te leren en om te beginnen met spreken. Iemand kan precies weten wat hij moet leren. Dat is ook handig in de communicatie tussen mensen met variërende niveaus van de Engelse taal. Zij weten allemaal wat ze kunnen zeggen en schrijven.

Maar de vraagt blijft altijd: Wat is de betekenis van "genoeg"? Wat is "genoeg"? "Niet genoeg" betekent dat je niet op een comfortabel niveau kunt communiceren met iedereen, in Engels of in Globish. Je kent misschien niet genoeg woorden

not say words with the right stresses, or you may not know simple sentence forms and verb forms. So how much is "too much?" "Too much" makes many students learning English feel they will "never be good enough" in English.

The Council of Europe offers a *Common European Framework of Reference for Languages* (C.E.F.R.) that offers a situational test for users of all second languages. By their standard, the best user of Globish would be an Independent User (Their category called "B1") THIS IS GIVEN EXACTLY IN C.E.F.R.'s ENGLISH:

Can understand the main points of clear standard input on familiar matters regularly encountered in work, school, leisure, etc. Can deal with most situations likely to arise whilst travelling in an area where the language is spoken.

of – meer waarschijnlijk – je spreekt de juiste woorden uit met de klemtoon op het onjuiste deel van het woord, of je kent net de gemakkelijke zinstructuur of werkwoordvorm niet. Hoeveel is "te veel"? "Te veel" maakt dat veel leerlingen het idee krijgen dat ze "nooit goed genoeg zijn" in het Engels.

De Raad van Europa biedt een *Gemeenschappelijk Europees Referentiekader voor Talen* (G.E.F.R) aan dat een toets aanbiedt voor alle sprekers van een tweede taal. Volgens hun standaardmaat, zou de beste gebruiker van Globish een 'Onafhankelijke Gebruiker' zijn (hun categorie genaamd "B1"). Dat is volgens het Engels van het G.E.F.R. :

Kan de belangrijkste punten begrijpen uit duidelijke standaardteksten over vertrouwde zaken die regelmatig tegengekomen worden op het werk, de school, vrije tijd, enz. Kan omgaan met de meeste situaties die kunnen optreden tijdens een reis in een gebied waar de taal wordt gesproken.

Can produce simple connected text on topics, which are familiar, or of personal interest. Can describe experiences and events, dreams, hopes & ambitions and briefly give reasons and explanations for opinions and plans.

Kan eenvoudig samenhangende tekst produceren over onderwerpen die vertrouwd zijn of van persoonlijk belang. Kan ervaringen en gebeurtenissen, dromen, verwachtingen en ambities beschrijven en in het kort redenen en verklaringen geven voor meningen en plannen.

That is the test for "enough" for their B1 – 'Independent User'. It would be enough for the Globish user too, if we added this:

Dat is de test voor "genoeg" voor hun B1 – 'Onafhankelijk Gebruiker'. Het zou ook genoeg zijn voor de Globish-gebruiker met deze aantekening:

"Uses all words needed to join in a given profession or activity; uses International words appropriate in all travel or international business situations."

"Maakt gebruik van alle woorden die nodig zijn om deel te nemen in een bepaald beroep of een bepaalde activiteit; gebruikt internationale woorden in alle reizen of internationale zakelijke situaties."

But many Globish users can operate at the higher Level B2 of that same C.E.F.R. 'Independent User' standard:

Maar veel Globish-gebruikers kunnen functioneren op het B2 niveau van het G.E.F.R. – 'Onafhankelijk Gebruiker' standaard:

"Can understand the main ideas of complex text on both concrete and abstract topics, including technical discussions in his/her field of specialisation. Can interact with a

"Kan de belangrijkste ideeën begrijpen uit complexe teksten, zowel over concrete als abstracte onderwerpen, met inbegrip van technische discussies in zijn/haar

107

degree of fluency and spontaneity that makes regular interaction with native speakers quite possible without strain for either party. Can produce clear, detailed text on a wide range of subjects and explain a viewpoint on a topical issue giving the advantages and disadvantages of various options."

So there are people who have been thinking about this Globish "level" of language use. There are many, many more who have been using something quite close to Globish. Even with few written standards, some have called it Globish because they feel their level of usage is "Globish." They are using the word "Globish" to establish a level of comfort - a middle ground to communicate with others. Now we hope they can be even more certain because of the observations in this book.

At the risk of saying some important things once again, we will now unite some observations from the first part of the book. This will lay the

groundwork for describing major language elements that are important to Globish.

First we will review the ways Globish is like English and then how Globish differs from English. Then, we will examine what makes this 'Closed System of Natural Language' an effective tool for world communication.

English speakers may well say: If Globish is like English, why not just learn English? But there are certain things English speakers do not try to understand. That is one of the main reasons people in many places will be speaking Globish.

leggen voor het beschrijven van de belangrijkste taalelementen die belangrijk zijn voor Globish

Eerst zullen we terugblikken op de manieren waarop Globish op Engels lijkt en dan hoe het anders is. Dan gaan we onderzoeken waarom dit 'Gesloten Systeem van Natuurlijke Taal' een effectief stuk gereedschap is voor wereldcommunicatie.

Engelstaligen zouden kunnen zeggen: Als Globish zoveel op Engels lijkt waarom leer je dan niet gewoon Engels? Maar er zijn bepaalde dingen die Engelstaligen niet proberen te begrijpen. Dat is een van de belangrijkste redenen dat mensen in vele plaatsen Globish gaan spreken.

Chapter 12
Is Globish the Same as English?

Hoofdstuk 12
Is Globish hetzelfde als Engels?

Globish is correct English

Globish is correct Engels

Native English speakers can easily read and understand this book. But because of this, English speakers do not always notice that Globish is not just **any** English. They can miss the value of limiting their English to Globish. It should instead be a comfort to them, that what they are reading can also be easily understood by Globish speakers as well.

Engelstaligen kunnen dit boek met gemak lezen en begrijpen. Maar daardoor zien zij niet dat Globish niet zomaar Engels is. Zij kunnen over het hoofd zien dat het waardevol is om hun Engels te beperken tot Globish. Maar het zou een gemak zijn voor hen, dat wat zij lezen eveneens begrepen wordt door Globishsprekers.

In reading this book, all English-speakers are observing a "common ground" *in action.* Most probably as many as one and a half billion other people can read and understand this same book.

Bij het lezen van dit boek, zullen Engelstaligen een "middenweg" *in de praktijk* merken. Waarschijnlijk zullen meer dan anderhalf miljard mensen dit boek kunnen lezen en begrijpen.

Of course, at first it might seem

Natuurlijk lijkt het er op het

that all English speakers can use Globish almost without thinking. However, English speakers who want to speak and write Globish must do four things: (1) use short sentences; (2) use words in a simple way; as any advertiser or politician knows; (3) use only the most common English words, and (4) help communication with body language and visual additions. Also, they must find ways to repeat what they decide is very important.

Globish spelling is English spelling

Most English speakers have trouble with their own spelling, because the English words come from many cultures. There are probably more exceptions to the rules than there are rules. Often, people learn to spell English words by memory: they *memorize* what the word *looks*

112

like.

de woorden er uit zien.

Globish sounds like English

Globish klinkt als Engels

Globish speakers must learn to stress parts of words correctly. If the stress is correct, the word is most easily understood. It does not matter so much about the accent. And some sounds that are hard to make do not matter so much. A second problem in pronunciation is easier: the *schwa* sound can often be substituted in most parts of words that are *not* stressed. (More in Chapter 16).

Globishsprekers moeten leren waar de klemtoon van een woord gelegd wordt. Als de klemtoon goed gelegd wordt, dan wordt het woord goed begrepen. Dan maakt het accent niet zoveel uit. En klanken die moeilijk uit te spreken zijn, maken niet zo veel uit. Het tweede probleem met uitspraak is gemakkelijker: de *schwa* of stomme *e* kan vaak worden gezegd op plaatsen die *niet* de klemtoon hebben. (Meer in hoofdstuk 16).

Globish uses the same letters, markings and numbers as English

Globish gebruikt dezelfde letters, tekens en nummers als het Engels

It also has the same days, months and other time and place forms.

Het gebruikt ook dezelfde dagen, maanden en andere aanduidingen van tijd en plaats.

Globish uses the basic grammar of English, with fewer Tenses, Voices, and Moods.

Globish gebruikt de basisgrammatica van het Engels, alleen met minder tijden, vormen en wijzen.

Directions – Globish/English
Richtingen - Globish/Engels

(Communiceert wereldwijd in 90% van werk- en reissituaties)

(Communicate in 90% of work, travel situations WWide)

(Little value without 3-5 more years of classes)

(Geringe waarde zonder 3 tot 5 jaar meer studie)

12 mo
12 mnd.

English

Globish

1. 1500 Words plus 3500 children

1. 1500 woorden plus 3500 kinderen

2. Simple Verb forms

2. Eenvoudige werkwoordsvormen

3. No Idioms

3. Geen idioom

6 mnd

1. Cultural Words from English Speaking Countries.

1. Kultuurwoorden van Engelstalige landen

2. Numerous added Verb forms

2. Veel toegevoegde werkwoordsvormen

3. Numerous Idioms

3. Veel idioom

Early Globish classes deal with basic words and pronunciation, simple present, past, future verbs, questions, parts of speech.

Beginklassen Globish behandelen basiswoorden en uitspraak, eenvoudige werkwoordsvormen van tegenwoordige, verleden en toekomende tijd, vragen, woordsoorten.

Early Globish and English quite similar

Beginklassen v an Globish en Engels zijn gelijk

G   E

Early English classes deal with basic words and pronunciation, simple present, past, future verbs, questions, parts of speech.

Beginklassen Engels behandelen basiswoorden en uitspraak, eenvoudige werkwoordsvormen van tegenwoordige, verleden en toekomende tijd, vragen, woordsoorten.

Technical Words

Capitalize - put a large letter at the first of the word.

Visual - can be seen with the eyes

Tenses - the time a verb shows, Present, Pa st, or Future order.

Voice - a type of grammar. We use Active voice most in Globish.

Moods - ways of speaking. Imperative Mood: *"Don't look at me!"*

Chapter 13
How Globish is Different from English

Hoofdstuk 13
Hoe Globish verschilt van Engels

Globish has a different name

Globish heeft een andere naam

The name lets people know exactly how much English they are using. It also lets native English speakers know that they do not "own" this language. Globish means we use the same simple rules for everyone. And it usually means that the speaker or writer is trying to help with understanding. Globish speakers enjoy the fact that all cultures are talking *together*.

De naam laat mensen precies weten hoeveel Engels zij gebruiken. Het laat ook Engelstaligen weten dat ze de taal niet "bezitten". Globish betekent dat dezelfde simpele regels voor iedereen gelden. En het betekent dat de spreker of schrijver meehelpt met het te begrijpen. Globishsprekers genieten ervan dat alle culturen *samen* praten.

Globish has 1500 words, expandable in four ways:

- different use of same word,
- combinations of words,
- short additions to words,

Globish heeft 1500 woorden, uit te breiden op 4 manieren:

- verschillend gebruik van één en hetzelfde woord,
- woordcombinaties,
- korte aanvullingen op

- and Phrasal Verbs.

Also allowed are (a) Names and Titles - (capitalized), (b) international words like *police* and *pizza*, (c) technical words like *noun* and *grammar* in this book. Only common agreement between speakers can decide between them, of course, what other words to allow beyond these 1500 Globish words. If one person cannot understand an additional word, then its use is not recommended.

Globish uses mostly Active Voice

Globish speakers should understand Passive and Conditional forms. But it is usually best for Globish users to create messages in Active Voice if possible. Who or what is doing the action must be clear in Globish. English may say:

The streets were cleaned in the morning.

woorden,

- en woordgroepen die als werkwoord fungeren.

Ook toegestaan zijn (a) namen en titels (met hoofdletter), (b) internationale woorden zoals *politie* en *pizza,* (c) technische woorden zoals *werkwoord* en *grammatica* zoals in dit boek. Alleen in overleg tussen de sprekers kan er besloten worden om meer woorden dan deze 1500 woorden te gebruiken. Als de ander een extra woord niet begrijpt, dan wordt afgeraden om het te gebruiken.

Globish gebruikt meestal de bedrijvende vorm

Globishsprekers moeten de lijdende vorm en voorwaardelijke wijs begrijpen. Maar het is voor Globishsprekers het beste om de actieve vorm te gebruiken waar mogelijk. Wie of wat de actie uitvoert, moet duidelijk zijn in het Globish. In het Engels wordt gezegd:

De straten werden in de ochtend schoongemaakt.

116

But Globish would say:

> *The workmen cleaned the streets in the morning.*

Globish suggests short sentences (15 words or fewer)

This limits phrases and clauses, but allows them if necessary. Instead of:

> *When we went to Paris we took a nice little hotel not far from the main shopping area so that we would not have too far to carry our purchases.*

Globish speakers will say:

> *We went to Paris, and we found a nice little hotel. It was near the main shopping area. That way, we would not have too far to carry our purchases.*

In Globish wordt gezegd:

> *De werklieden maakten in de ochtend de straten schoon.*

Globish adviseert om korte zinnen te maken (15 woorden of minder)

Dit limiteert zinnen en clausules, maar laat overschrijding toe als het nodig is. In plaats van:

> *Toen we naar Parijs gingen, namen we een mooi, klein hotel niet ver van het winkelcentrum, zodat we onze aankopen niet zo ver hoefden te dragen.*

Een Globish spreker zou zeggen:

> *We zijn naar Parijs gegaan en we vonden een mooi, klein hotel. Het was vlakbij het winkelcentrum. Dus hoefden we onze aankopen niet zo ver te dragen.*

Globish pronunciation has fewer necessary sounds than traditional English

Globish sounds should be learned with each word. Most important: Globish must use syllable stress VEry corRECTly. Because there are similar sounds in most languages, each speaker may have to learn only a few new sounds.

Globish speakers use their body, their hands and their face when they talk

They use headlines, **dark print**, <u>underline</u>, and pictures with written Globish. In meetings, Globish speakers use objects, pictures, sounds, and give things to the listeners. Good Globish speakers speak clearly, and are happy to repeat what they have said. Globish speakers check that the listeners understand before they say the next thing. They repeat all questions AND answers in meetings.

Globish-uitspraak heeft minder klanken nodig dan traditioneel Engels

Globishklanken zouden per woord moeten worden geleerd. Het belangrijkste: Globish moet de JUISTE lettergrepen beklemtonen. Omdat in de meeste talen dezelfde klanken voorkomen, zal iedere spreker waarschijnlijk maar een paar nieuwe klanken hoeven te leren.

Globishsprekers gebruiken hun lichaam, hun handen en hun gezicht als ze spreken.

Bij geschreven Globish wordt gebruik gemaakt van koppen, **vette druk,** <u>onderstrepen</u> en afbeeldingen. In vergaderingen maakt een Globishspreker gebruik van voorwerpen, afbeeldingen en geluiden en geeft dingen aan de luisteraars. Diegenen die goed Globish spreken, spreken duidelijk en ze hebben geen bezwaar om dingen te herhalen. Globishsprekers zorgen ervoor dat de luisteraar het begrijpt voordat hij verder gaat. Zij herhalen alle vragen EN antwoorden die voorkomen in de vergadering.

Globish speakers are very careful about humor, idioms and examples

Globish speakers can have fun, and be friendly. But they avoid anything that might not be understood. Most people are careful not to use the same humor with their parents and their friends. Sometimes humor is good for one person but offensive to another. This is even more difficult to know about between cultures, so it is best to avoid trying to be "funny". In the same way, examples from one culture might not be good in another culture and some analogies might not carry exactly the same meaning. And idioms, things that depend on understanding a certain culture, should be avoided. (More in Chapter 19)

Globishsprekers zijn erg voorzichtig met humor, idiomen en voorbeelden

Globishsprekers kunnen wel plezier hebben en ze kunnen vriendelijk zijn. Maar ze vermijden alles wat misschien niet begrepen wordt. De meeste mensen zijn voorzichtig niet dezelfde humor te gebruiken met hun ouders als die ze met hun vrienden gebruiken. Soms is humor goed voor de ene en beledigend voor de ander. Dat is nog moeilijker als je met verschillende culturen te maken heb. Dus is het verstandig om uit te kijken met "leuk" zijn. Hetzelfde geldt met voorbeelden en analogieën. Die kunnen in verschillende culturen verschillende dingen betekenen. En idiomen, dingen die afhankelijk zijn van het begrijpen van een bepaalde cultuur, moeten worden vermeden.

Globish is a "Closed System of Natural Language."

This is what makes Globish useful, dependable, and easier to learn and use. The next chapters will be about "natural language" and Globish's closed system.

Globish is een "Gesloten Systeem van Natuurlijke Taal."

Dat is wat Globish zo handig, betrouwbaar en gemakkelijk om te leren maakt. De volgende hoofdstukken gaan over "natuurlijke taal" en het gesloten systeem van Globish.

Technical words

Noun   - a part of speech naming a person, place, or thing.

Passive Voice   - a sentence with n   o subject. "The house is sold."

Active Voice - usual sentence - subject first. "Mary came home."

Figurative - expressing one thing in terms of another: "on thin ice."

Analogy - using two things that have a similarity to make a case.

Analogy: "The human bra   in is like a computer."

120

Chapter 14
Natural Language Has "Experience"

People need a language that has "experience". We need to know other people have lived all their lives talking in that language. We need to know that many centuries, many parents and their children, have made it work well. Natural language is always growing. The "closed system" of Globish, of course, is a beginning definition. Over time, Globish may add necessary words as *technical* or *international* when worldwide Globish speakers are using it.

The value of having a natural language is that it has been tested with many millions of people. Its most-used words have been turned over and over, like sand on a seaside, for centuries. These words are the *survivors* from all the natural languages that came into

Hoofdstuk 14
Natuurlijke taal heeft "ervaring"

Mensen hebben een taal nodig met "ervaring". We moeten weten dat anderen die taal al hun hele leven spreken. We moeten weten dat vele generaties ze al hebben uitgeprobeerd en dat het goed gaat. Natuurlijke taal groeit met de tijd. Het "gesloten systeem" van Globish is natuurlijk een beginnende definitie hiervan. In de loop van de tijd zal Globish ook woorden toevoegen als deze *technisch* of *internationaal* bekendheid krijgen.
De waarde van een natuurlijke taal is dat die door miljoenen mensen getest is over de hele wereld. De meest gebruikte woorden zijn telkens weer gebruikt. Deze woorden zijn overblijfsels van alle andere natuurlijke talen die in het Engels zijn opgenomen. Dat zijn

English. They are strong words, and useful words.

And these rules of Globish are not something someone just "thought up." For example, the way English deals with time through its verbs. Now all languages have different ways of communicating the order of happenings. But as much as any language, English-speakers have a proven language where events have relationships to each other in time. So timing is important to the English way of thinking, important to their communication. If they want to say something is happening "now" they use a continuous form, such as *I am reading this book*. That Present Continuous form means "exactly now." If they say *I read this book*, it means they have read it before now, are reading it now, and will continue to read it in the future.

These things are all important to a "way of thinking." They don't

sterke en handige woorden.

En deze Globishregels zijn niet zomaar "bedacht". Een voorbeeld is de manier waarop het Engels met tijd omgaat in zijn werkwoorden. Iedere taal heeft een andere manier om de volgorde van gebeurtenissen te geven. Maar zoals in alle talen hebben Engelstaligen een beproefde taal waar gebeurtenissen een relatie hebben met elkaar in een tijdsvorm. Dus is timing belangrijk in de Engelse manier van denken, belangrijk in de communicatie. Als ze willen uitdrukken dat iets "nu" gebeurt, dan zeggen ze *Ik lees dit boek*. De Engelse vorm daarvan heet duratief en betekent "precies nu".

Als ze zeggen, *Ik heb dit boek gelezen* betekent dit dat ze het boek al hebben gelezen, dat ze er nu in lezen en het in de toekomst blijven lezen.

Deze dingen zijn allemaal

122

happen by someone's plan. Natural Language grows through trial-and-mistake-and-improvement, and that is why 'Natural Language' works!

But why do we call Globish a "Closed System?" And is "closed" good?

belangrijk voor een "manier van denken". Ze gebeuren niet volgens iemands plan. Natuurlijke taal groeit en evolueert door de tijd heen en daarom werkt 'Natuurlijke Taal'!

Maar waarom noemen wij Globish een "Gesloten Systeem?" En is "gesloten" wel goed?

Chapter 15
A 'Closed System': Globish Limitations

Hoofdstuk 15
Een 'Gesloten Systeem': de beperkingen van Globish

'Closed Systems' give us less to remember, and more to agree on

"Closed System" means we accept certain sets of limitations in what we are doing. It makes life easier when we agree to operate within those Closed Systems. We also have many other Closed Systems. Buses and trains and airplanes usually have places to step on and off. We usually drive on just one side of the road. Cars coming the other way stay on the other side, because it is a closed system. Otherwise, either side of the road would be OK, and there would be huge problems.

'Gesloten Systemen' geven ons minder te onthouden en meer om mee eens te zijn.

Een "Gesloten Systeem" betekent dat we de beperkingen accepteren. Het maakt het leven makkelijker als we het er over eens zijn om binnen zulke gesloten systemen te werken. We hebben nog veel meer gesloten systemen. Bussen, trams en vliegtuigen hebben meestal een opstap- en uitstapplaats. We rijden meestal maar aan één kant van de weg. Tegemoetkomende auto's blijven ook meestal op hun weghelft omdat het een gesloten systeem is. Als om het even welke weghelft OK zou

This is why Globish is most useful, as a Closed System, a language built on common limitations. You know what you have to learn, and can do so with less effort. And when you use it, you know all the rules that the other people know. It is based on reasonable limitations that non-native English speakers have when they use English. What we have been discussing in this book are main elements of that 'Closed System'.

Globish is limited to 1500 words

Globish has limited ways of using words

Globish has limited length sentences

Globish is limited to understanding

Globish has no limits in using hands, face, or body

zijn dan zou het een puinhoop zijn op de weg.

Daarom is Globish het meest handig als een gesloten systeem, een taal gebouwd op beperkingen. Je weet wat je moet leren en dat kan met minder moeite. En als je het gebruikt, ken je alle regels die anderen ook kennen. Het is gebaseerd op redelijke beperkingen die niet-moedertaalsprekers hebben als ze Engels spreken. Wat we tot nu toe hebben besproken in dit boek zijn elementen van dat 'Gesloten Systeem'.

Globish is beperkt tot 1500 woorden

Globish heeft een beperkt woordgebruik

Globish heeft beperkte zinlengtes

Globish is beperkt tot begrijpen

Globish heeft geen beperkingen bij het gebruik van handen, gezicht of lichaam

126

Chapter 16
1500 Basic Words

Hoofstuk 16
1500 Basis Woorden

Before the English teachers ask that one question, let us answer it

There is *no* evidence that having 1500 words is ideal, except for one thing: *It's easier to learn 1500 words than 1800 or 2000 words.* And with fewer than 1000 words you won't have some very common words when you need them. Also, you can learn spelling and pronunciation of each individual word. That way you won't have to worry about a lot of spelling and pronunciation rules. (You probably already know that English doesn't do well with its spelling and pronunciation rules.)

These 1,500 words come from several lists of most-commonly used English words. It is very much like the 1500 words used by Voice of America, but it has fewer political words. It is very much like basic Technical

Alvorens docenten Engels die ene vraag stellen, beantwoorden we die al

Er is geen bewijs dat je woordenschat beperken tot 1500 woorden ideaal is, behalve: *het is makkelijker om 1500 woorden te leren dan 1800 of 2000 woorden.* En met minder dan 1000 woorden mis je weer sommige alledaagse woorden. Ook kun je spelling en uitspraak van ieder woord apart leren. Op die manier hoef je je geen zorgen te maken over een heleboel regels voor spelling en uitspraak. (Je weet waarschijnlijk al dat het Engels niet zo goed bekend staat om al zijn regels.)

Deze 1.500 woorden komen uit verschillende lijsten van de meest voorkomende Engelse woorden. De lijst lijkt erg op die 1500 woorden die de radiozender "Voice of Amerika" gebruikt, maar ze

English used in international training books but without all of words for measurements. In fact, there are many lists of the "most common" 1500 words, and they all vary a lot in the last 200 words, depending on who is selecting. **So this is ours.**

bevat minder woorden over politiek. Ze lijkt erg op de basislijst Technisch Engels die gebruikt wordt in internationale opleidingsboeken, maar dan zonder al die woorden voor metingen. Er zijn meerdere lijsten met de 1500 ''meest algemene'' Engelse woorden, waarbij de laatste 200 woorden steeds variëren afhankelijk van wie de lijst samenstelt. **Hier volgt onze lijst.**

The Basic 1500 Globish Words / De 1500 Globish Basis Woorden

a = een	after = na	also = ook	approve = goedkeuren
able = in staat	again = weer	although = hoewel	area = gebied
about = over	against = tegen	always = altijd	argue = argumenteren
above = boven	age = leeftijd	among = tussen	arm = arm
accept = aanvaarden	agency = agentschap	amount = hoeveelheid	army = leger
according (to) = volgens	ago = geleden	and = en	around = ongeveer
account = rekening	agree = overeenkomen	anger = woede	arrest = arrestatie
accuse = beschuldigen	ahead = vooruit	angle = hoek	arrive = aankomen
achieve = bereiken	aid = steun	announce = aankondigen	art = kunst
across = dwars over	aim = bedoeling	another = een andere	as = als
act = handelen	air = lucht	answer = antwoord	ask = vragen
adapt = aanpassen	alive = levend	any = enige	assist = bijstaan
add = toevoegen	all = alle	apartment = appartement	at = in, om, bij
admit = toegeven	allow = toestaan	apologize = excuseren	attach = hechten
adult = volwassen	ally = bondgenoot	appeal = beroep doen op	attack = aanval
advertisement = advertentie	almost = bijna	appear = verschijnen	attempt = proberen
advise = adviseren	alone = alleen	apple = appel	attend = bijwonen
affect = beinvloeden	along = langs	apply = aanvragen	attention = aandacht
afraid = bang	already = reeds	appoint = benoemen	authority = autoriteit

automatic = automatisch

autumn = herfst

available = beschikbaar

average = gemiddeld

avoid = vermijden

awake = wakker

award = prijs

away = weg

baby = baby

back = terug

bad = slecht

bag = tas

balance = evenwicht

ball = bal

ballot = stemming

ban = verbod

bank = bank

bar = bar

barrier = barrière

base = baseren

basket = mand

bath = bad

battle = veldslag

be = zijn

bear = verdragen

beat = (ver)slaan

beauty = schoonheid

because = omdat

become = worden

bed = bed

beer = bier

before = voordat

begin = beginnen

behind = achter

believe = geloven

bell = bel

belong = toebehoren

below = beneden

bend = bocht

beside = naast

best = beste

betray = verraden

better = beter

between = tussen

big = groot

bill = rekening

bird = vogel

birth = geboorte

bit = beetje

bite = bijten

black = zwart

blade = blad

blame = beschuldigen

blank = leeg

blanket = deken

bleed = bloeden

blind = blind

block = blok

blood = bloed

blow = klap

blue = blauw

board = plank

boat = boot

body = lichaam

bomb = bom

bone = bot

bonus = premie

book = boek

boot = laars

border = grens

born = geboren

borrow = lenen

boss = baas

both = beide

bottle = fles

bottom = onderkant

box = doos

boy = jongen

boycott = boycot

brain = hersenen

brake = rem

branch = tak

brave = moedig

bread = brood

break = pause, breken

breathe = ademen

brick = baksteen

bridge = brug

brief = kort

bright = helder

bring = brengen

broad = breed

broadcast = uitzending

brother = broer

brown = bruin

brush = borstel

budget = begroting

build = bouwen

bullet = kogel

burn = branden

burst = barsten

bury = begraven

business = zaak

busy = bezig

but = maar

butter = boter

button = knop

buy = kopen

by = door

cabinet = kabinet

call = roepen

calm = kalm

camera = camera

camp = kamp

campaign = campagne

can = kan

cancel = annuleren

capture = vangen

car = auto

card = kaart

care = zorg

carriage = wagen

carry = dragen

case = geval

cash = geld

cat = kat

catch = vangen

cause = veroorzaken

celebrate = vieren

cell = cel

center = centrum

century = eeuw

ceremony = ceremonie

certain = zeker

chain = ketting

chair = stoel

chairman = voorzitter

challenge = uitdaging

champion = kampioen

chance = kans

change = veranderen

channel = kanaal

character = karakter

charge = lading

chart = grafiek

chase = achtervolging

cheap = goedkoop

check = controleren

cheer = aanmoedigen

cheese = kaas

chemical = chemisch

chest = borst

chief = chef

child = kind

choose = kiezen

church = kerk

circle = cirkel

citizen = burger

city = stad

civilian = burger

claim = beweren

clash = botsen

class = klasse

clean = schoon

clear = helder

climate = klimaat

climb = klimmen

clock = klok

close = sluiten

cloth = doek

cloud = wolk

coal = steenkool

coast = kust

coat = jas

code = code, wet

cold = koud

collect = verzamelen

college = college

colony = kolonie

color = kleur

combine = combineren

come = komen

comfort = troost

command = bevel

comment = commentaar

committee = commissie

common = gewoon

communicate = communiceren

community = gemeenschap

company = onderneming

compare = vergelijken

compete = concurreren

complete = compleet

compromise = compromis

computer = computer

concern = bezorgdheid

condemn = veroordelen

condition = voorwaarde

conference = conferentie

confirm = bevestigen

congratulate = feliciteren

congress = congres

connect = verbinden

consider = overwegen

consumption = verbruik

contact = contact

contain = bevatten

continent = continent

continue = voortzetten

control = controle

cook = koken

cool = koel

cooperate = samenwerken

copy = kopiëren

cork = kurk

corn = maïs

corner = hoek

correct = juist

cost = kosten

cotton = katoen

count = tellen

country = land

course = cursus

court = rechtbank

cover = omslag

cow = koe

crash = klap

create = creëren

credit = krediet

crew = bemanning

crime = misdaad

crisis = crisis

criteria = criteria

criticize = bekritiseren

crop = gewas

cross = kruis

crowd = menigte

crush = verpletteren

cry = huilen

culture = cultuur

cup = beker

cure = genezen

current = huidige

custom = gebruik

cut = snijden

damage = schade

dance = dans

danger = gevaar

dark = donker

date = datum

daughter = dochter

day = dag

dead = dood

deaf = doof

deal = handelen

dear = lief

debate = debat

debt = schuld

decide = beslissen

declare = verklaren

decrease = afname

deep = diep

defeat = nederlaag

defend = verdedigen

define = definiëren

degree = graad

delay = vertraging

delicate = fijngevoelig

deliver = leveren

demand = vraag

demonstrate = tonen

denounce = opzeggen

deny = ontkennen

departure = vertrek

depend = afhankelijk

deploy = ontplooien

depression = depressie

describe = beschrijven

desert = woestijn

design = ontwerpen

desire = verlangen

destroy = vernietigen

detail = detail

develop = ontwikkelen

device = apparaat

die = sterven

diet = diëet

differ = verschillen

difficult = moeilijk

dig = graven

dinner = diner

diplomat = diplomaat

direct = richten

dirt = vuil

disappear = verdwijnen

discover = ontdekken

discuss = bespreken

disease = ziekte

disk = schijf

dismiss = ontslaan

dispute = geschil

distance = afstand

divide = verdelen

do = doen

doctor = arts	emotion = emotie	expect = verwachten	figure = figuur
document = document	employ = in dienst nemen	expense = kosten	file = bestand
dog = hond	empty = leeg	experience = ervaring	fill = vullen
door = deur	end = eindigen	experiment = experiment	film = film
doubt = twijfel	enemy = vijand	expert = deskundige	final = laatste
down = omlaag	enforce = dwingen	explain = uitleggen	finance = financiën
drain = afwateren	engine = machine	explode = ontploffen	find = vinden
draw = tekenen	enjoy = genieten	explore = onderzoeken	fine = fijn
dream = dromen	enough = genoeg	export = uitvoeren	finger = vinger
dress = kleden	enter = binnengaan	express = uitdrukken	finish = eindigen
drink = drinken	entertain = vermaken	extend = verlengen	fire = vuur
drive = aandrijven	environment = omgeving	extra = extra	firm = vast
drop = laten vallen	equal = gelijk	extreme = extreem	first = eerste
drug = drug	equate = gelijkstellen	eye = oog	fish = vis
dry = drogen	equipment = apparatuur	face = gezicht	fist = vuist
during = tijdens	erase = wissen	fact = feit	fit = passen
dust = stof	escape = ontsnappen	factory = fabriek	fix = bevestigen
duty = plicht	especially = vooral	fail = mislukken	flag = vlag
each = elk	establish = oprichten	fair = eerlijk	flat = plat
ear = oor	estimate = schatten	fall = vallen	float drijven
early = vroeg	ethnic = etnisch	false = onwaar	floor = vloer
earn = verdienen	evaporate = verdampen	family = familie	flow = stromen
earth = aarde	even = zelfs	famous = beroemd	flower = bloem
east = oost	event = evenement	far = ver	fluid = vloeistof
easy = gemakkelijk	ever = ooit	fast = snel	fly = vlieg
eat = eten	every = elke	fat = vet	fog = mist
edge = rand	evidence = bewijs	father = vader	fold = vouw
education = onderwijs	evil = slecht	fear = angst	follow = volgen
effect = effect	exact = precies	feather = veer	food = voedsel
effort = inspanning	example = voorbeeld	feature = kenmerk	fool = dwaas
egg = ei	except = behalve	feed = voeden	foot = voet
either = een van beide	exchange = uitwisselen	feel = voelen	for = voor
elastic = elastisch	excuse = excuseren	female = vrouwelijk	forbid = verbieden
electricity = elektriciteit	execute = uitvoeren	fertile = vruchtbaar	force = kracht
element = element	exercise = oefening	few = weinig	foreign = buitenlands
else = anders	exist = bestaan	field = veld	forest = bos
embassy = ambassade	exit = uitgang	fierce = onstuimig	forget = vergeten
emergency = noodgeval	expand = uitbreiden	fight = vechten	forgive = vergeven

131

form = vorm	gray (grey) = grijs	hijack = kapen	ill = ziek
former = voormalig	great = geweldig	hill = heuvel	imagine = voorstellen
forward = vooruit	green = groen	him = hem	import = import
frame = lijst	ground = grond	hire = inhuren	important = belangrijk
free = vrij	group = groep	his = zijn	improve = verbeteren
freeze = bevriezen	grow = groeien	history = geschiedenis	in = in
fresh = fris	guarantee = garantie	hit = slaan	inch = inch
friend = vriend	guard = bewaker	hold = vasthouden	incident = incident
frighten = bang maken	guess = raden	hole = gat	include = omvatten
from = van	guide = gids	holiday = vakantie	increase = toenemen
front = voorgevel	guilty = schuldig	hollow = hol	independent = onafhankelijk
fruit = fruit	gun = geweer	holy = heilig	indicate = aanwijzen
fuel = brandstof	guy = vent	home = thuis	individual = individueel
full = vol	hair = haar	honest = eerlijk	industry = industrie
fun =plezier	half = half	hope = hopen	infect = infecteren
future = toekomst	halt = halt	horrible = afschuwelijk	influence = invloed
gain = winst	hand = hand	horse = paard	inform = mededelen
gallon = gallon	hang = hangen	hospital = ziekenhuis	inject = injecteren
game = spel	happen = gebeuren	hostage = gijzelaar	injure = verwonden
gang = bende	happy = gelukkig	hostile = vijandig	innocent = onschuldig
garden = tuin	hard = hard	hot = heet	insane = krankzinnig
gas = gas	harm = kwaad	hour = uur	insect = insect
gather = verzamelen	hat = hoed	house = huis	inspect = inspecteren
general = algemeen	hate = haten	how = hoe	instead = in plaats van
gentle = zacht	have = hebben	however = echter	insult = beledigen
get = krijgen	he = hij	huge = enorm	insurance = verzekering
gift = geschenk	head = hoofd	human = mens	intelligence = intelligentie
girl = meisje	heal = genezen	humor = humor	intense = intens
give = geven	health = gezondheid	hunger = honger	interest = belang
glass = glas	hear = horen	hunt = jagen	interfere = interfereren
global = globaal	heart = hart	hurry = haast	international = internationaal
go = gaan	heat = warmte	hurt = kwetsen	into = in, tot
goal = doel	heavy = zwaar	husband = echtgenoot	invade = binnenvallen
god = god	help = hulp	I = ik	invent = uitvinden
gold = goud	her = haar	ice = ijs	invest = investeren
good = goed	here = hier	idea = idee	investigate = onderzoeken
govern = regeren	hide = verbergen	identify = identificeren	invite = uitnodigen
grass = gras	high = hoog	if = als	involve = betrekken

132

iron = ijzer	laugh = lachen	long = lang	mental = geestelijk
island = eiland	law = recht	look = kijken	mercy = barmhartigheid
issue = kwestie	lay = liggen	loose = los	message = bericht
it = het	lead = leiden	lose = verliezen	metal = metaal
item = artikel	leak = lek	lot = lot	meter = meter
jacket = jasje	learn = leren	loud = luid	method = methode
jail = gevangenis	least = minst	love = liefhebben	middle = midden
jewel = juweel	leave = verlaten	low = laag	might = kan
job = baan	left = links	luck = geluk	mile = mijl
join = meedoen	leg = been	magic = toverij	military = militair
joint = gezamenlijk	legal = wettelijk	mail = post	milk = melk
joke = grap	lend = uitlenen	main = belangrijkste	mind = geest
joy = vreugde	length = lengte	major = grootste	mine = mijn
judge = rechter	less = minder	make = maken	minister = minister
jump = springen	let = laten	male = mannelijk	minor = gering
jury = jury	letter = brief	man = man	miscellaneous = diversen
just = juist	level = niveau	manufacture = vervaardiging	miss = missen
keep = houden	lie = liggen	many = veel	mistake = fout
key = sleutel	life = leven	map = kaart	mix = mengen
kick = schop	lift = lift	march = maart	mob = menigte
kid = kind	light = licht	mark = merk	model = model
kill = doden	like = zoals	market = markt	moderate = matig
kind = aardig	limit = beperken	marry = trouwen	modern = modern
king = koning	line = lijn	master = meester	money = geld
kiss = kus	link = koppelen	match = gelijke	month = maand
kit = uitrusting	lip = lip	material = materiaal	moon = maan
kitchen = keuken	liquid = vloeistof	matter = materie	moral = moreel
knife = mes	list = lijst	may = kan	more = meer
know = weten	listen = luisteren	mayor = burgemeester	morning = ochtend
labor = arbeid	little = klein	me = mij	most = meeste
laboratory = laboratorium	live = leven	meal = maaltijd	mother = moeder
lack = ontberen	load = laden, lading	mean = betekenen	motion = beweging
lake = meer	loan = lening	measure = meten	mountain = berg
land = land	local = lokaal	meat = vlees	mouth = mond
language = taal	locate = localiseren	media = media	move = bewegen
large = groot	lock = slot	meet = ontmoeten	much = veel
last = laatste	log = blok hout	member = lid	murder = moord
late = laat	lone = eenzaam	memory = geheugen	muscle = spier

133

music = muziek

must = moet

my = mijn

mystery = mysterie

nail = nagel

name = naam

narrow = nauw

nation = natie

native = inlander

navy = marine

near = nabij

necessary = nodig

neck = hals

need = nodig hebben

neighbor = buurman

neither = geen van beide

nerve = zenuw

neutral = neutraal

never = nooit

new = niew

news = nieuws

next = volgend

nice = leuk

night = nacht

no = nee

noise = lawaai

noon = middag

normal = normaal

north = noorden

nose = neus

not = niet

note = noteren

nothing = niets

notice = opmerken

now = nu

nowhere = nergens

number = nummer

obey = gehoorzamen

object = object

observe = observeren

occupy = bezetten

occur = opkomen

of = van

off = uit

offensive = beledigend

offer = aanbod

office = kantoor

officer = officier

often = vaak

oil = olie

old = oud

on = op

once = eenmaal

only = enig

open = open

operate = opereren

opinion = opinie

opportunity = gelegenheid

opposite = tegenover

oppress = onderdrukken

or = of

order = ordenen

organize = organiseren

other = ander

ounce = ons

our = ons

ours = van ons

oust = verdringen

out = uit

over = over

owe = verschuldigd

own = bezitten

page = bladzijde

pain = pijn

paint = verf

pan = pan

pants = broek

paper = papier

parade = parade

parcel = perceel

parent = ouder

parliament = parlement

part = deel

party = feestje

pass = voorbijgaan

passenger = passagier

past = verleden

paste = pasta

path = pad

patient = patiënt

pattern = patroon

pay = betalen

peace = vrede

pen = pen

pencil = potlood

people = mensen

percent = procent

perfect = perfect

perform = verrichten

perhaps = misschien

period = periode

permanent = permanent

permit = vergunning

person = persoon

physical = natuurkundig

pick = plukken

picture = schilderij

piece = stuk

pig = varken

pilot = piloot

pint = pint

pipe = pijp

place = plaats

plain = eenvoudig

plan = plan

plane = vliegtuig

plant = plant

plastic = kneedbaar

plate = plaat

play = spelen

please = alstublieft

plenty = ruimschoots

pocket = zak

point = punt

poison = vergif

policy = beleid

politics = politiek

pollute = verontreinigen

poor = arm

popular = populair

port = haven

position = positie

possess = bezitten

possible = mogelijk

postpone = uitstellen

potato = aardappel

pound = pond

pour = gieten

powder = poeder

power = macht

practice = praktijk

praise = lof

pray = bidden

pregnant = zwanger

present = aanwezig

press = pers

pretty = aardig

prevent = voorkomen

price = prijs

print = drukken

prison = gevangenis

private = privé

prize = beloning	raise = verhogen	resolution = resolutie	safe = veilig
problem = probleem	range = bereik	resource = hulpbron	sail = zeil
process = proces	rare = zeldzaam	respect = respect	salt = zout
product = product	rate = schatten	responsible = verantwoordeli	same = zelfde
professor = hoogleraar	rather = nogal	rest = rusten	sand = zand
profit = profiteren	ray = straal	restrain = weerhouden	satisfy = voldoen
program = programma	reach = bereiken	result = resultaat	save = redden
progress = vooruitgaan	react = reageren	retire = met pensioen	say = zeggen
project = projecteren	read = lezen	return = terugkeren	scale = schaal
property = bezit	ready = gereed	revolt = opstand	scare = angst
propose = voorstellen	real = echt	reward = beloning	school = school
protect = beschermen	reason = reden	rice = rijst	science = wetenschap
protest = protest	receive = ontvangen	rich = rijk	score = puntentelling
prove = bewijzen	recognize = herkennen	ride = rijden	script = manuscript
provide = leveren	record =optekenen	right = rechts	sea = zee
public = publiek	recover = terugkrijgen	ring = ring	search = doorzoeken
publish = publiceren	red = rood	riot = oproer	season = seizoen
pull = trekken	reduce = verminderen	rise = opkomen	seat = zitplaats
punish = straffen	refugee = vluchteling	risk = risico	second = tweede
purchase = kopen	refuse = weigeren	river = rivier	secret = geheim
pure = zuiver	regret = spijt	road = weg	section = sectie
purpose = doel	regular = regelmatig	rob = roven	security = veiligheid
push = stoten	reject = verwerpen	rock = wiegen	see = zien
put = neerzetten	relation = relatie	rocket = raket	seed = zaad
quality = kwaliteit	release = vrijgeven	roll = rollen	seek = zoeken
quart = kwart	remain = overblijven	roof = dak	seem = lijken
quarter = kwartaal	remember = onthouden	room = kamer	seize = grijpen
queen = koningin	remove = verwijderen	root = wortel	seldom = zelden
question = vraag	repair = reparatie	rope = touw	self = zelf
quick = snel	repeat = herhalen	rough = ruw	sell = verkopen
quiet = stil	report = verslag	round = rond	senate = Senaat
quit = ophouden	represent = vertegenwoordig	row = rij	send = zenden
quite = geheel	request = verzoeken	rub = wrijven	sense = betekenis
race = wedloop	require = vereisen	rubber = rubber	sentence = zin
radiation = straling	rescue = redding	ruin = ruïne	separate = apart
raid = overval	research = onderzoek	rule = regel	series = serie
rail = spoor	resign = ontslag	run = rennen	serious = ernstig
rain = regen	resist = weerstaan	sad = triest	serve = dienen

set = zetten	simple = simpel	son = zoon	stomach = maag
settle = afhandelen	since = sinds	song = lied	stone = steen
several = verscheidene	sing = zingen	soon = binnenkort	stop = stoppen
severe = heftig	single = enkel	sorry = sorry	store = bewaren
sex = geslacht	sister = zuster	sort = sorteren	storm = storm
shade = schaduw	sit = zitten	soul = ziel	story = verhaal
shake = schudden	situation = situatie	sound = geluid	straight = recht
shall = zal	size = grootte	south = zuiden	strange = vreemd
shame = schande	skill = vaardigheid	space = ruimte	stream = stromen
shape = vorm	skin = huid	speak = spreken	street = straat
share = delen	skirt = rok	special = bijzonder	stretch = strekken
sharp = scherp	sky = lucht	speech = toespraak	strike = slaan
she = zij	slave = slaaf	speed = snelheid	string = koord
sheet = blad	sleep = slapen	spell = spellen	strong = sterk
shelf = schap	slide = glijden	spend = besteden	structure = structuur
shell = schelp	slip = uitglijden	spirit = geest	struggle = worstelen
shelter = onderdak	slow = langzaam	spot = plaats	study = studie
shine = schijnen	small = klein	spread = spreiden	stupid = dom
ship = schip	smart = pienter	spring = springen	subject = onderwerp
shirt = overhemd	smash = vernielen	spy = spion	substance = stof
shock = schok	smell = geur	square = vierkant	substitute = vervanger
shoe = schoen	smile = glimlachen	stage = podium	succeed = slagen
shoot = schieten	smoke = rook	stairs = trap	such = zulk
shop = winkel	smooth = glad	stamp = stempel	sudden = plotseling
short = kort	snack = hapje	stand = staan	suffer = lijden
should = zou moeten	snake = slang	star = ster	sugar = suiker
shout = schreeuwen	sneeze = niezen	start = start	suggest = voorstellen
show = tonen	snow = sneeuw	starve = verhongeren	suit = passen
shrink = krimpen	so = zo	state = toestand	summer = zomer
shut = sluiten	soap = zeep	station = station	sun = zon
sick = ziek	social = sociaal	status = status	supervise = toezicht
side = zijde	society = samenleving	stay = blijven	supply = leveren
sign = teken	soft = zacht	steal = stelen	support = ondersteuning
signal = signaal	soil = bodem	steam = stoom	suppose = veronderstellen
silence = stilte	soldier = soldaat	steel = staal	suppress = onderdrukken
silk = zijde	solid = vaste stof	step = stap	sure = zeker
silver = zilver	solve = oplossen	stick = stok	surface = oppervlak
similar = gelijkvormig	some = sommige	still = rustig	surprise = verrassing

136

surround = omringen

survive = overleven

suspect = verdenken

suspend = opschorten

swallow = slikken

swear = zweren

sweet = zoet

swim = zwemmen

symbol = symbool

sympathy = sympathie

system = systeem

table = tafel

tail = staart

take = nemen

talk = praten

tall = groot

target = doel

task = taak

taste = smaak

tax = belasting

tea = thee

teach = onderwijzen

team = team

tear = scheuren

tear = traan

tell = vertellen

term = termijn

terrible = verschrikkelijk

territory = grondgebied

terror = terreur

test = proef

than = dan

thank = dank

that = dat

the = de

theater = theater

their = hun

them = hen

then = dan

theory = theorie

there = daar

these = deze

they = zij

thick = dik

thin = dun

thing = ding

think = denken

third = derde

this = dit

those = die

though = hoewel

thought = gedachte

threaten = bedreigen

through = door

throw = gooien

thus = aldus

tie = binden

tight = strak

time = tijd

tin = tin

tiny = ondermaats

tire = band

title = titel

to = aan

today = vandaag

together = samen

tomorrow = morgen

tone = toon

tongue = tong

tonight = vanavond

too = ook

tool = gereedschap

tooth = tand

top = bovenste

total = totaal

touch = aanraken

towards = richting

town = stad

track = spoor

trade = handel

tradition = traditie

traffic = verkeer

train = trein

transport = vervoeren

travel = reizen

treason = verraad

treasure = schat

treat = behandelen

treaty = verdrag

tree = boom

trial = proces

tribe = volksstam

trick = truc

trip = reis

troop = troep

trouble = last

truck = vrachtwagen

true = waar

trust = vertrouwen

try = proberen

tube = buis

turn = draaien

twice = tweemaal

under = onder

understand = begrijpen

unit = eenheid

universe = heelal

unless = tenzij

until = tot

up = omhoog

upon = erop

urge = aansporen

us = ons

use = gebruiken

valley = dal

value = waarde

vary = variëren

vegetable = groente

vehicle = voertuig

version = versie

very = zeer

veto = verbieden

vicious = boosaardig

victim = slachtoffer

victory = overwinning

view = bekijken

violence = geweld

visit = bezoek

voice = stem

volume = volume

vote = stemming

wage = loon

wait = wachten

walk = lopen

wall = muur

want = willen

war = oorlog

warm = warm

warn = waarschuwen

wash = was

waste = afval

watch = bewaken

water = water

wave = golf

way = weg

we = wij

weak = zwak

wealth = rijkdom

weapon = wapen

wear = dragen

weather = weer

week = week

137

weight = gewicht	who = wie	wise = wijs	worth = waard
welcome = welkom	whole = heel	wish = wensen	wound = wond
well = goed	why = waarom	with = met	wreck = wrak
west = west	wide = breed	withdraw = terugtrekken	write = schrijven
wet = nat	wife = echtgenote	without = zonder	wrong = verkeerd
what = wat	wild = wild	woman = vrouw	yard = erf
wheat = tarwe	will = zal	wonder = wonder	year = jaar
wheel = wiel	win = winnen	wood = hout	yellow = geel
when = wanneer	wind = wind	wool = wol	yes = ja
where = waar	window = venster	word = woord	yesterday = gisteren
whether = of	wine = wijn	work = werk	yet = nog
which = wie	wing = vleugel	world = wereld	you = jij
while = terwijl	winter = winter	worry = plagen	young = jong
white = wit	wire = draad	worse = slechter	

When you learn a Globish word, you will not need to learn spelling rules or pronunciation rules. You will need to think of only that word. You should learn its individual pronunciation and how its individual spelling looks to you.

If you attempt to *sound out* every word from the English *spelling* **you will be sorry**. English writing has a very loose relationship with its sounds. But please…you must do everything to learn the **stressed** syllables in the Globish words. If you will say that stressed syllable in a **heavy** tone, most people can

Wanneer je een Globish woord leert, hoef je geen spelling- of uitspraakregels te leren. Je hoeft alleen aan het woord te denken. Je moet leren hoe het eruit ziet en hoe je het uitspreekt.

Als je ieder woord probeert *uit te spreken* zoals het in het Engels is geschreven **dan krijg je spijt**. Het Engels heeft een heel los verband tussen de spelling en de klanken. Maar let op: je moet alles doen om te leren op welke lettergrepen je de **klemtoon** moet leggen in de

understand the rest.

One key sound that *is* more important to Globish – and English – than any other is the "*schwa*" sound. The *schwa* is almost not a sound. It usually "fills in" in words of more than one syllable, as a way of moving quickly over unstressed syllables. The *schwa* also makes trying to spell using sound very difficult.

All of these letters and letter-combinations will sound the same when an English speaker or a good Globish speaker says them. Using the schwa on the unstressed syllable is the most important thing about Globish (or English) pronunciation – and spelling – that you can know, because it makes everything else so much easier.

Globish woorden. Als je de juiste lettergreep in een **zware** stem zegt, dan begrijpen de meeste mensen de rest wel.

Een belangrijke klank in het Globish – en in het Engels- is de "*schwa*" klank, de "stomme e". De "*schwa*" is bijna geen klank. Het vult woorden met meer dan één lettergreep eigenlijk aan, als een manier om snel de niet-benadrukte lettergreep te overbruggen. De "*schwa*" maakt het spellen van woorden door te luisteren ook vrij moeilijk.

Al deze letters en lettercombinaties klinken hetzelfde als een Engelstalige spreker of een goede Globishspreker ze zegt. De schwa gebruiken op niet benadrukte lettergrepen is het belangrijkste dat je kan weten van de Globish (of Engelse) uitspraak – en spelling – omdat het de rest zoveel gemakkelijker maakt.

Chapter 17
When Globish Arrives

Since 2004, when the first books about Globish were published, the talk about Globish has changed. In that year, in forums on the Internet, many English teachers looked at the idea – and then looked away, saying: "I cannot imagine anything important being said in Globish" and "They are going to destroy our beautiful English language" and "Why can't they just learn how to speak decent English?" These forums are still on the Internet. You can Google them.

But many more people were still traveling from their countries, and still joining global businesses. Many more in this period were leaving their countries on work-permits for the first time to take jobs in more prosperous countries. They could not wait, they had to speak and be heard. And because they were speaking English across the world, more people began to

Hoofdstuk 17
Als Globish er komt

Sinds 2004, toen de eerste boeken over Globish werden gepubliceerd, is het gesprek over Globish veranderd. Op forums op het internet, zeiden veel Engelse docenten toen: "Ik kan me niet voorstellen dat er iets belangrijks in het Globish zal worden gezegd" en "Zij gaan onze schitterende Engelse taal verpesten" en "Waarom kunnen ze niet gewoon goed Engels leren spreken?" Deze forums bestaan nog. Je kan ze vinden via Google.

Maar veel meer mensen waren nog steeds aan het reizen vanuit hun verschillende landen en traden in dienst bij internationale bedrijven. Gedurende deze periode, waren er nog meer mensen die hun land verlieten en met een werkvergunning voor het eerst in welvarendere landen gingen

see what these people with just "enough" English could really do. They built roads and houses, but many also made scientific discoveries and many more made lots of money in new worldwide businesses. All of this with just "enough" English.

Now, 5 years later, the tone toward Globish has changed. Most people now accept that native English speakers will not rule the world. Most people accept that there are important leaders who speak only "enough" English, but use it well to lead very well in the world.

So now there are very different questions, in the same forums. Some of the same people from 2004 are now asking:

"How many people now know

werken. Zij konden niet wachten, zij moesten spreken en gehoord worden. En omdat ze over de hele wereld Engels spraken, zagen steeds meer mensen wat deze mensen met net "genoeg" Engels echt konden doen. Ze bouwden wegen en huizen, maar deden ook wetenschappelijke ontdekkingen en nog meer verdienden heel veel geld met wereldwijde bedrijven. En dit alles met net "genoeg" Engels.

Nu, 5 jaar later, is de toon over Globish veranderd. De meeste mensen accepteren dat moedertaalsprekers niet de wereld bezitten. De meeste mensen accepteren dat er belangrijke leiders zijn die net "genoeg" Engels spreken, maar dat ze het zo goed gebruiken dat ze de wereld goed kunnen leiden.

Dus komen nu hele andere vragen, in dezelfde forums. Dezelfde mensen van toen vragen nu:

"Hoeveel mensen kennen genoeg Engels?"

enough English?".

"Should the native English-speaking teachers, who said 'you will never be good enough' now still be the guards over the language?" and

"Who will own the language?" And some few are beginning to ask: "How much English is enough?"

We think Globish – as described in this book – carries many of the answers.

Globish developed from observations and recording of what seemed to be the usual limitations of the average non-native speakers of English. Perhaps only 10% of those have studied English more than a year, or lived for a year in an English-speaking country. But they may have enough, if they know what *is* enough.

Perhaps in the next 5 years, more people will run out of money for never-ending English classes. And

"Zouden de moedertaalsprekende docenten die zeiden 'je zal nooit goed genoeg zijn' nu nog steeds de bewakers van de taal zijn?" en

"Wie is de eigenaar van de taal?" en sommige beginnen te vragen: "Hoeveel Engels is genoeg?"

Wij denken dat Globish – zoals beschreven in dit boek – vele vragen beantwoordt.

Globish is ontwikkeld op grond van waarnemingen en registratie van wat de meest voorkomende beperkingen van de gemiddelde niet-moedertaalsprekers van het Engels leken te zijn. Misschien slechts 10% van diegenen die meer dan een jaar Engels hebben gestudeerd of een jaar in een Engelssprekend land woonden. Maar ze hebben misschien genoeg, als ze weten wat genoeg *is*.

Misschien zullen mensen in de komende 5 jaar het geld niet meer hebben voor oneindig

more people will decide to follow careers and have families and … live…instead of always trying – year after year – for that goal of perfect English.

Globish may have their answer. And it may also have the answer for global companies who need enough English – but perhaps not perfect English – in their home offices and sales branches. Globish might work for these companies if their native speakers will -- at the same time -- learn how much English is too much.

Globish is what Toronto University linguist Jack Chambers called in 2009 "a new thing and very interesting…if (they are) formally codifying it, then Globish will gain status."

This book has been written not only to describe and codify, but to demonstrate Globish as a natural language, yet one that is in a

durende Engelse lessen. En meer mensen zullen beslissen dat ze hun carrière opbouwen, een gezin stichten, dat ze gaan…leven… in plaats van jaar na jaar trachten perfect Engels te leren.

Globish kan ze een uitweg bieden. En het kan misschien ook de oplossing zijn voor internationale bedrijven die genoeg Engels nodig hebben – maar geen perfect Engels – in hun hoofdkantoor of verkoopkantoren. Globish zou nuttig kunnen zijn voor deze bedrijven als daardoor hun moedertaalsprekers leren hoeveel Engels te veel is.

Toronto Universiteit linguïst Jack Chambers noemde in 2009 Globish "iets nieuws en zeer interessant…mits (zij) het standaardiseren, dan kan het status krijgen."

Dit boek is geschreven niet alleen om het te beschrijven en te standaardiseren, maar ook om te bewijzen dat Globish een

closed system that is predictable and dependable, and is very close to being used across the globe now.

Then with so many good reasons for Globish that so many people agree with, why hasn't it happened? Why hasn't it arrived?

There seem to be 3 main barriers to that arrival:

Physical: People think they do not have the time or the money or the nearness to English Speaking to learn enough as a tool. With new media and Internet courses, this will make Globish all the easier to learn.

Language: Many English speakers truly feel that you cannot have just part of a language and you must always try for all of it. Quite a few language professors say that Globish is "not studied enough" or "not structured enough" – as always, without saying how much IS enough.

Political: The questions of who will make Globish happen, and who will require it, and who will finally "own" it seem central here. The remaining people who speak against Globish will discover that the citizens of the world will require it, make it happen, and own it – likely within the next 10 years. The very name *Globish* establishes this new point of view – that of the Global citizen who does not need the English past. This citizen needs only a dependable, usable language for the future.

Although it may not be historically exact, one has the image of the poor, beaten Englishmen who brought forth the Magna Carta in 1215. They were ruled by the foreign Normans, and the Normans wrote all the English laws in French, which the poor people in England could not understand. Along with others, these common people stood up before their Kings, at great risk to their families and themselves. And they said:

Politiek: Vragen als: wie gaat Globish invoeren en wie heeft het nodig en wie zal de "eigenaar" zijn, staan hier centraal. De overgebleven mensen die zich uitspreken tegen Globish zullen ontdekken dat wereldburgers het nodig hebben, dat ze het gaan invoeren en dat ze de eigenaar worden en dit allemaal in de komende 10 jaar. De naam *Globish* op zich vestigt dit nieuwe standpunt – dat van de wereldburger die geen behoefte heeft aan het Engelse verleden. Deze burger heeft behoefte aan een betrouwbare, bruikbare taal voor de toekomst.

Hoewel het historisch misschien niet juist is, heeft men het beeld van de arme, geslagen Engelsen die in 1215 de Magna Carta voortbrachten. Ze werden geregeerd door de buitenlandse Normandiërs, en die schreven alle Engels wetten in het Frans, wat de arme mensen in Engeland niet konden begrijpen. Samen met anderen stonden deze gewone mensen voor hun koningen, met groot risico voor zichzelf

"Enough!" They were frightened but still brave. Carrying only knives and clubs, they demanded that the laws by which they lived be more fair, and be given out in their own language – English.

Globish could be the interesting next step for the world...when people use English to be freed from the English. Globish will arrive when these common people from every country in the world, stand up and say "Enough." And Globish, as you see it here, will be there to give them...enough. When Globish arrives, you will talk to someone who just a few years ago could not understand you ...and turned away. And you will write in Globish to someone who understands and answers – perhaps even with a job or a good school possibility...Then you will look at these few words of Globish and say...

en hun familie. En zij zeiden: "Genoeg!" Ze waren bang, maar nog steeds dapper. Ze droegen alleen messen en knuppels bij zich, zij eisten dat de wetten eerlijker zouden zijn en zijn geschreven in hun eigen taal – Engels.

Globish zou de volgende interessante stap voor de wereld kunnen zijn... als mensen Engels gebruiken om los te breken van het Engels. Globish zal er komen als de gewone mensen van alle landen in de wereld opstaan en zeggen "Genoeg." En Globish zoals je het hier ziet, zal er zijn om hun genoeg te geven. Wanneer Globish er komt, zul je misschien gaan praten met iemand die jou een paar jaar daarvoor nooit had kunnen begrijpen. En je zal in Globish schrijven met iemand die het begrijpt en terug kan schrijven. Dan zal je naar deze Globishwoorden kijken en zeggen...

"How rich I am…. Look at all of these words I have…So many words for so many opportunities and so many new friends…Look at all that I can do with them…. What valuable words they are…And I know them all!"

"Hoe rijk ben ik… Kijk eens hoeveel woorden ik ken… Zoveel woorden en zoveel mogelijkheden en zoveel nieuwe vrienden…Kijk een hoeveel ik met hun kan doen… Hoe waardevol deze woorden zijn…En ik ken ze allemaal!"

globish

Appendix

Appendix

Synopsis

It would make very little sense to describe the details of Globish *either* to the person who has studied English -- or to the person who has not.

For that reason, we are giving only a synopsis of these chapters (Chapter 17-22) from the original book. The students who are studying English may, as their use of English -- or Globish -- improves, wish to try to read the original book. Their linguistic skills may then be ready for them to process that more specific information.

(In addition, this translated version will -- for obvious reasons -- leave out the adaptation from English to Globish of President Barack Obama's Inauguration Address of January 20, 2009.)

Samenvatting

Het zou weinig zin hebben om de details te beschrijven van Globish *hetzij* aan een persoon die Engels heeft gestudeerd - of aan een persoon die dat niet heeft gedaan.

Om deze reden geven we alleen een samenvatting van de hoofdstukken 17 tot 22 van het originele boek. Studenten van het Engels kunnen, wanneer hun gebruik van het Engels of Globish beter wordt, eventueel het originele boek gaan kunnen lezen. Hun taalvaardigheden zullen dan goed genoeg zijn om de meer specifieke informatie te kunnen verwerken.

(Daarnaast zal deze vertaalde versie - om vanzelfsprekende redenen - de aanpassingen van het Engels naar Globish van president Barack Obama's Inauguration Adres van 20 januari 2009 worden weggelaten.)

Chapter 17 (in the original book) - 1500 Basic Globish Words Father 5000

This chapter deals with how Globish -- and English -- is capable of making new words from basic words. There are basically 4 methods of making words from the basic 1500 words:

1. Putting two words together, as in: **class + room = classroom**

2. Adding letters to the front or the back of a word as in: **im + possible = impossible** (not possible) or **care + less = careless**. Many times it changes the part of speech, as when **care+less (careless)** becomes an adjective.

3. **Many** times the **same word** is used as a **noun**, a **verb**, and an **adjective**. **We drive a** *truck*. **With it, we** *truck* **vegetables to market. We may stop for lunch at a** *truck* **stop.**

Hoofdstuk 17 (in het originele boek) – 1500 Globish basiswoorden leveren totaal 5000

Dit hoofdstuk gaat over hoe Globish - en Engels – het mogelijk maakt om nieuwe woorden te vormen uit de basiswoorden. Er zijn 4 mogelijkheden om meer woorden te maken van de 1500 basiswoorden:

1. Het samenbrengen van twee woorden zoals in: **klas + lokaal = klaslokaal**

2. Het toevoegen van letters voor of achter een woord zoals in: **ON + mogelijk = onmogelijk (niet mogelijk) of zorg(e) + loos = zorgeloos**. Vaak verandert het deel van meningsuiting, zoals wanneer **zorg(e) + loos (zorgeloos)** een bijvoeglijk naamwoord wordt.

3. Vaak wordt hetzelfde woord gebruikt voor zowel een zelfstandig naamwoord, een werkwoord en een bijvoeglijk naamwoord. We besturen een *vrachtwagen*. Ook vervrachten wij groenten naar de markt. We stoppen voor de lunch bij een

*vrachtwagen*parkeerplaats.

4. Phrasal Verbs combine with prepositions to make different verbs, like: get up (in the morning), take off (from the airport runway), or put up (weekend visitors in your extra room).

4. Woordgroepen die als werkwoord fungeren, combineren met voorzetsels om verschillende werkwoorden te maken, zoals: *opstaan* (in de ochtend), *opstijgen* (van de startbaan van op het vliegveld), of *onderbrengen* (weekendbezoekers op uw extra kamer).

Chapter 18 (in the original book) - Cooking With Words

In addition to giving you enough words and ways to make more words easily, Globish uses **simple English grammar**, and avoids long and difficult sentences.

Hoofdstuk 18 (in het originele boek) – Koken met Woorden

Naast het geven van genoeg woorden en manieren om makkelijk nog meer woorden te maken, gebruikt Globish een **eenvoudige Engelse grammatica** en vermijdt moeilijke zinnen.

It stresses **Active Voice** sentences, but allows occasional **Passive Voice**. It uses the **Imperative** and the **Conditional** when necessary.

Het geeft de voorkeur aan zinnen in de **bedrijvende** vorm, maar laat af en toe de **lijdende** vorm toe. Het maakt gebruik van de **gebiedende** en de **voorwaardelijke wijs** wanneer

nodig.

Globish uses **6 basic verb tenses** all the time -- the **Simple** and the **Continuous** for the **Present**, **Past**, and **Future** and four other verb tenses occasionally. **Different sentence forms** are used for **negatives**, and for various kinds of **questions**.

Globish gebruikt steeds **6 fundamentele werkwoordstijden** - de **gewone** en het **duratief** voor de **toekomende** tijd en af en toe vier andere. **Afwijkende zinsvormen** worden gebruikt voor **ontkenning** en voor verschillende soorten **vragen.**

LEARNING TOOLS - *Globish IN Globish* is an interactive set of Lessons in Globish at www.globish.com and many others will follow there.

LEERMIDDELEN - *Globish IN Globish* is een interactieve bundel van Lessen in Globish op www.globish.com en vele andere zullen er volgen.

Chapter 19 (in the original book) - Say "No" To Most Figurative Language

Hoofdstuk 19 (in het originele boek) – Zeg 'nee' tegen het meest beeldende taalgebruik

Idioms and Humor are the most difficult parts of a new language. Globish solves that problem by asking people to use very little of either. Idioms take hours -- sometimes -- to explain. Humor has not only language differences, but differences in culture and -- within culture --

Idiomen en Humor zijn de moeilijkste onderdelen van een nieuwe taal. Globish lost dat probleem op door mensen te vragen weinig daarvan te gebruiken. Het kan uren duren om een idioom uit te leggen. Humor is niet alleen verschillend in verschillende talen maar ook in verschillende

ages and other backgrounds.

culturen, leeftijden en achtergronden.

Chapter 20 (in the original book) - Globish "Best Practices"

Most of these are about people who know too much English for the needs and abilities of the largest group of people...those speaking Globish. So this chapter is about how a speaker must **take responsibility for the communication,** and **do whatever is necessary** to communicate the message. This may mean: speaking or writing **in short sentences, listening for feedback** to make sure of understanding, and **using pictures or physical motions** to help the users understanding of words.

Hoofdstuk 20 (in het originele boek) – Globish "Best Practices"

Hier gaat het vooral over mensen die teveel Engels kennen voor de behoeften en vaardigheden van de grootste groep van mensen... die Globish spreken. Dus gaat dit hoofdstuk gaat over hoe een spreker **verantwoordelijkheid voor de communicatie** moet nemen en moet doen wat nodig is om de boodschap over te brengen. Dit kan betekenen: spreken of schrijven **in korte zinnen** en **luisteren naar publiek** om er zeker te zijn dat het overkomt, en het gebruik van foto's of **uitbeelding** om te helpen met het begrijpen van woorden.

Chapter 21 (in the original book) - Critical Sounds for Global Understanding

Hoofdstuk 21 (in het originele boek) – Moeilijke klanken voor globaal begrip

This chapter is about pronunciation and the sounds various learners have trouble with. The aim is not to please the English speaker, but to make sounds that everyone can understand. This means concentrating on the most difficult ones, and making them acceptable. There are several other findings in this study, one being that learners do not have to have perfect sounds to be understood in Globish, but they do have to have the right stresses on parts of words, and they do need to know when to substitute the "schwa" sound.

Chapter 22 (in the original book) - Globish in Texting

The Internet provides an environment that is excellent for Globish. Its messages are cut down to basics of English words because the messages are often charged by each little character over 160. So if love can become luv, u might save enough of ur

Dit hoofdstuk gaat over de uitspraak en de verschillende klanken waar leerlingen moeite mee hebben. Het doel is niet om de Engelse spreker te behagen, maar om klanken te produceren die iedereen kan begrijpen. Dat betekent dat we ons moeten concentreren op de moeilijke klanken om die acceptabel te maken. Er zijn nog meer bevindingen in de studie, waarvan de eerste is dat leerlingen geen perfecte klanken hoeven te produceren om in Globish verstaanbaar te zijn, maar ze moeten wel de klemtoon op de juiste plaats leggen en ze moeten ook weten wanneer ze het "schwa"-geluid moeten gebruiken.

Hoofdstuk 22 (in het originele boek) - Globish voor SMS

Het internet biedt een omgeving die zich uitstekend leent voor Globish. De berichten worden teruggebracht naar de basis van het Engels, omdat er vaak boven de 160 tekens extra in rekening wordt gebracht. Dus

money to visit the one u luv, just by shortening most words.

als liefde *luv* kan worden, kan u dit genoeg van *ur* geld besparen voor een bezoek aan diegene *u luv*, gewoon door het verkorten van de meeste woorden.

Texting is used in e-mails, chat sessions, instant messaging, and of course on mobile phones. Globish seems to have the perfect structures and numbers of words to be the text basis for people using the Internet.

Tekstberichten worden gebruikt in e-mails, chat sessies, instant messaging, en natuurlijk ook op mobiele telefoons. Globish lijkt de perfecte structuur en het perfecte aantal woorden te hebben om de basis te zijn voor diegenen die het internet gebruiken.

Partial Resources

Selectie uit bronnen

Council of Europe (2008). *Common European Framework of Reference for Languages: Learning, teaching, assessment.* Retrieved http://www.coe.int/T/DG4/Portfolio/?L=E&M=/main_pages/levels.html , March, 17, 2009

Dlugosz, K. (2009) *English Sounds Critical to Global Understanding.* Pécs (Hungary): University of Pécs.

Graddol, D. (2006). *English Next.* London: British Council.

Nerrière, J. P. (2004). *Don't speak English. Parlez globish!* Paris: Eyrolles.

Nerrière, J. P., Bourgon, J., Dufresne, Ph. (2005) *Découvrez le Globish.* Paris: Eyrolles.

Council of Europe (2008). *Common European Framework of Reference for Languages: Learning, teaching, assessment.* http://www.coe.int/T/DG4/Portfolio/?L=E&M=/main_pages/levels.html , 17 maart 2009

Dlugosz, K. (2009) *English Sounds Critical to Global Understanding.* Pécs (Hungary): University of Pécs.

Graddol, D. (2006). *English Next.* London: British Council.

Nerrière, J. P. (2004). *Don't speak English. Parlez globish!* Paris: Eyrolles.

Nerrière, J. P., Bourgon, J., Dufresne, Ph. (2005) *Découvrez le Globish.* Paris: Eyrolles.

Other Sources

Jack Chambers, Toronto University linguist, as quoted in "Parlez vous Globish? Probably, even if you don't know it," Lynda Hurst, Toronto Star, March 7, 2009

Notes of appreciation:

Dr. Liddy Nevile, of La Trobe University in Melbourne, and our friend in One Laptop Per Child, contributed moral support -- plus extensive editing which made this book a lot better.

Web Sites with Globish Information

www.jpn-globish.com - Original Globish site (much of it in French)

www.globish.com - New Globish portal site

www.bizeng.net (2008 series of business articles written in Globish by David Hon.)

Andere bronnen

Jack Chambers, Toronto University linguïst, geciteerd in "Parlez vous Globish? Probably, even if you don't know it,"? Lynda Hurst, Toronto Star, 7 maart 2009

Nota's van waardering:

Dr. Liddy Nevile van La Trobe University Melbourne en onze vriendin in "One Laptop Per Child" haar bijgedragen morele steun - plus een uitgebreide redactie die dit boek een stuk beter maakte.

Websites met Globish Informatie

www.jpn-globish.com - Original Globish site (veel van het in het Frans)

www.globish.com - Nieuwe Globish portaalsite

www.bizeng.net (2008 serie van zakelijke artikelen in Globish geschreven door David Hon.)

Meet the Writers and the Translators

Jean-Paul Nerrière

As a vice-president of IBM Europe Middle East & Africa, Jean-Paul Nerrière was noted worldwide for his foresight in urging IBM to sell services instead of "selling iron". With IBM USA as a Vice President in charge of International Marketing, he was also using and observing English – daily – in its many variations. Nerrière's personal experience the world over enlightened him to a not-so-obvious solution to the global communication problem – *Globish*. Recently this has resulted in his best-selling books on *Globish* in French, Korean, Spanish and Italian, and the word Globish being known everywhere.

Nerrière has also been knighted with the *Légion d'honneur,* the highest award France can give.

Kennismaken met de schrijvers en de vertalers

Jean-Paul Nerrière

Als vicepresident van IBM Europa, Midden-Oosten & Afrika werd Jean-Paul Nerrière wereldwijd bekend voor zijn vooruitziende blik in het aandringen van IBM om diensten te verkopen in plaats van "ijzer te verkopen". Bij IBM USA als vicepresident verantwoordelijk voor Internationale Marketing, gebruikte hij dagelijks Engels en observeerde het in zijn vele vormen. Nerrière's persoonlijke ervaring over de hele wereld bracht hem op het idee van een niet zo voor de hand liggende oplossing voor het wereldwijde communicatieprobleem - Globish.

Nerrière is ook geridderd met de *Legion d'honneur,* de hoogste onderscheiding die Frankrijk kan geven..

David Hon

As a young man, David Hon
jumped off helicopters in
Vietnam and taught English in
South America. He had an MA
in English and thought that
someday he would write about
English as an international
communication tool. However, a
different direction, into the
computer age, led Hon to
develop the world's first realistic
medical simulators. He won
international awards and
created a successful company,
Ixion, to produce those
computerized simulators.

A short time back, he came upon
Nerrière's Globish ideas, and
Hon knew that this book *in
Globish* was the one he had
intended to write long ago.
Voilà…

David Hon

Als jonge man sprong David
Hon uit helikopters in Vietnam
en onderwees hij Engels in
Zuid-Amerika. Hij was
doctorandus Engels en dacht
dat hij een toekomst zou
hebben in het schrijven over de
Engelse aal als een
internationaal
communicatiemiddel. Met de
computer-age kwam er echter
een andere richting voor hem.
Hij ging 's werelds eerste
realistische medische
simulatoren bouwen. Hij won
internationale prijzen en
bouwde het succesvolle bedrijf
Ixion op voor de productie van
gecomputeriseerde simulators.

Een tijdje terug kwam hij
Nerrière's ideeën over Globish
tegen en toen wist Hon dat dit
boek *in Globish* datgene was
wat hij al tijden geleden had
willen schrijven. En voilà …..

Clare Herrema (Dutch translation)

Clare's first language was Frisian. She learned the Dutch language when she started kindergarten, many years ago. Her family moved to Canada when she was in grade 1, and so she was immersed in English. She eventually became an English teacher in Toronto.

Clare extends heartfelt thanks to Danielle Meijer and Pyt Kramer, her translation partners in the Netherlands, and Chris Jursic, for their invaluable help.

Clare Herrema (Nederlandse vertaling)

Clare haar moedertaal is Fries. Zij leerde Nederlands toen ze naar de kleuterschool ging, jaren geleden. Toen zij in de 1e klas zat, is haar familie naar Canada verhuisd en is zij Engels gaan leren. Zij is uiteindelijk lerares Engels geworden in Toronto.

Clare wil haar medevertalers Danielle Meijer en Pyt Kramer in Nederland hartelijk bedanken, en Chris Jursic voor hun onschatbare hulp.

www.ingramcontent.com/pod-product-compliance
Lightning Source LLC
Chambersburg PA
CBHW061725020426
42331CB00006B/1091